SAKRALE ARCHITEKTUR

SAKRALE ARCHITEKTUR

MODELLE DES KOSMOS
SYMBOLISCHE FORMEN UND SCHMUCK
ÖSTLICHE UND WESTLICHE TRADITIONEN

CAROLINE HUMPHREY · PIERS VITEBSKY

EⅤΞRGRΞΞN

Inhalt

EVERGREEN is an imprint of
TASCHEN GmbH

© für diese Ausgabe:
2002 TASCHEN GmbH
Hohenzollernring 53
D-50672 Köln

Originaltitel:
Sacred Architecture
All Rights Reserved
Copyright © Duncan Baird
Publishers Ltd 1997
Text Copyright © Duncan
Baird Publishers 1997
Artwork and Maps Copyright
© Duncan Baird Publishers
1997 (for copyright in the
photographs see acknowledge-
ments pages which are to be
regarded as an extension of
this copyright)
Copyright in the German lan-
guage translation © Duncan
Baird Publishers Ltd 2001

Übersetzung aus dem
Englischen: Peter Simon

Umschlaggestaltung:
Catinka Keul, Köln

Printed in Singapore
ISBN 3–8228–1709–0

Einleitung

Die sakrale Architektur symbolisiert das Streben der Menschen, sich dem Göttlichen zu nähern, indem sie besondere Orte für diesen tiefgründigen und wertvollen Kontakt schaffen.

Bei Sakralarchitektur denken wir an prächtige Tempel, Kathedralen und Moscheen, die ihre Erbauer um Jahrhunderte überdauerten. Solche Bauwerke sind ein verbreitetes Mittel der Menschen, ihre Sehnsucht nach dem Göttlichen auszudrücken. Die Verwendung teurer, dauerhafter Materialien spiegelt das Verlangen nach Ewigkeit wider. Ewigkeit kann jedoch auch durch regelmäßige Zerstörung und Erneuerung vergänglicher Konstruktionen ausgedrückt werden, wie dies etwa beim hölzernen Schintoschrein in Ise, Japan, oder manchen mittelamerikanischen Tempeln, die alle 52 Jahre nach Ablauf eines Kalenderjahres zerstört wurden, der Fall ist.

Obwohl dieses Buch die monumentale, langlebige Architektur der urbanen Kulturen Asiens, Europas und Mittelamerikas in den Vordergrund stellt, schließt es auch Beispiele aus Afrika, Nordamerika und Ozeanien mit ein, um zu verdeutlichen, dass das Errichten von Gebäuden für sakrale Zwecke eine universelle menschliche Aktivität ist. Sie hängt nicht von Ziegeln und Steinen ab – auch bei den kurzlebigsten Konstruktionen aus Lehm und Gras sind Prinzipien und Bedeutungen gar nicht so unterschiedlich. Die Bedeutung eines sakralen Gebäudes liegt nicht in seiner Dauerhaftigkeit, sondern in der Konzentration von Heiligkeit, die es verkörpert oder ermöglicht.

Viele nichtindustrialisierte Kulturen erachten die gesamte Umwelt als heilig – daher sind auch keine sakralen Gebäude notwendig. In vielen Teilen der Welt gibt es nichts, das den Tempeln entspricht – jeder Kontakt mit dem Göttlichen findet im Freien oder in einem Wohnhaus statt. Auch in Kulturen mit hoch entwickelter sakraler Architektur behält das Haus vielfach seinen eigenen heiligen Aspekt.

Die Entstehung sakraler Gebäude war mit spezifischen sozialen und politischen Entwicklungen verbunden. Obwohl das religiöse Bewusstsein der Menschheit schon seit Jahrtausenden ausgeprägt ist, wurden erst in den letzten tausend Jahren große Anstrengungen und Mittel aufgewandt, um monumentale Zikkurate, Pyramiden, Tempel und Kirchen zu erbauen. Dies ging meist mit der Entstehung eines Zentralstaates einher. Es kann sein, dass die Götter schon immer durch Häuptlinge und Schamanen verkörpert wurden – von jetzt an nahmen Könige und Kaiser göttliche Eigenschaften als Teil ihrer Herrschaftslegitimation an. Umgekehrt begannen die Götter wie Könige auszusehen, und der Himmel selbst wurde eine königliche Stadt.

In den frühen Reichen des Nahen Ostens, wie Mesopotamien und Ägypten, waren Palast und Tempel die einzigen Monumente, doch sie waren nicht ganz voneinander getrennt – die Balance zwischen königlicher und göttlicher Macht war oft unklar. In jüngerer Vergangenheit verloren vor allem in Westeuropa die Könige ihre Göttlichkeit und der Bereich des Heiligen wurde auf religiöse Institutionen beschränkt. Doch der moderne säkulare Staat übernahm viele Attribute der göttlichen Herrschaft, um seine Bürger zu kontrollieren.

„Architektur" impliziert nicht nur die Existenz von Architekten im modernen

Das Innere der Hagia Sophia (Heilige Sophia) in Istanbul, Türkei. Erbaut vom byzantinischen Kaiser Justinian 532–537 n. Chr., um den legendären Tempel Salomons in Jerusalem zu übertreffen; von Sultan Mohammed II. 1453 nach der Eroberung der Stadt in eine Moschee umgewandelt. 1934 wurde daraus im Zuge der Säkularisierung des türkischen Staates durch Atatürk ein Museum.

professionellen Sinn. Baupläne kennt man zwar schon aus dem alten Babylon, und die Prinzipien architektonischer Tradition finden sich bereits in alten indischen Abhandlungen – man sollte jedoch nicht vergessen, dass bereits jede Hütte ein Resultat von Denken, Planen und Hingabe ist, und dass ein Großteil der Kunst in sakralen Gebäuden anonymen Handwerkern zu verdanken ist. Gebäude sind ein Produkt der gesamten Gesellschaft – oder, wie viele glauben, der Götter selbst, die ihre heiligen Pläne den Menschen im Traum offenbaren.

Architektur und Kosmos

Design und Konstruktion sakraler Bauwerke stellen Kunst in größtmöglichem Maßstab dar. Es handelt sich dabei auch um die ehrgeizigste Form von Kunst, mit der die Menschen versuchen, das Reich der Götter auf Erden in einem dreidimensionalen Raum zu rekonstruieren, in den die Gläubigen sowohl körperlich als auch seelisch eintreten können. Überall auf der Welt, in den verschiedensten Traditionen und Theologien, zeugt die sakrale Architektur vom Streben des Menschen, das Universum mithilfe von Mustern, Strukturen und Linien nachzubauen.

In manchen Kulturen wird das Heilige vom Profanen nur durch eine einfache Hütte auf einem abgezäunten Platz getrennt. In anderen Traditionen erheben sich prächtige Türme, Spitzen und *Stupas* (kuppelförmige buddhistische Schreine) zum Himmel, die den spirituellen Reisen der Mystiker, Schamanen und Heiligen materielle Gestalt verleihen. Viele sakrale Bauwerke vereinigen Raum und Zeit als Schauplatz der immer neuen Darstellung von Mythen und Ritualen, die die Verbindung vom Anbeginn der Zeiten zur Gegenwart der Gläubigen herstellen.

Die Decke der Gebetshalle für eine Gute Ernte, Tempel des Himmels, Peking, China (1420). Darstellung der geometrischen Struktur des Himmels nach dem konfuzianischen Glauben. Die Halle wurde 1889 durch Blitzschlag zerstört und originalgetreu wieder errichtet. Beim ersten Sonnenstrahl der Wintersonnenwende brachte hier der Kaiser, Sohn des Himmels, Gebete für eine reiche Ernte im kommenden Jahr dar.

Modelle des Kosmos

Seit frühesten Zeiten glauben die Menschen, dass der Kosmos mehr ist, als nur die Welt um sie herum. Der Himmel wird als das Reich der Vollendung angesehen, und das Ziel sakraler Architektur ist die Reproduktion dieser Vollendung auf Erden.

Städte und Tempel gelten als eine Art Himmel auf Erden. Jerusalem in Israel und Varanasi in Indien werden als heilige Städte betrachtet, weil man glaubt, dass sie als Reproduktion eines himmlischen Modells erdacht wurden. Der Hindutempel von Sri Rangam in Südindien wurde vom Himmel zur Erde gebracht, die Kaaba von Mekka (siehe S. 80–81) ist für die Moslems das exakte Modell eines himmlischen Tempels.

Das kompakteste Modell des Kosmos ist das hinduistische *Mandala* – ein Diagramm der Struktur des Universums, das bei rituellen Handlungen und als Meditationshilfe verwendet wird. Das *Mandala* bildet den Grundriss der Tempel des Hinduismus, Jainismus und Buddhismus. Es verbindet den Kreis (die ursprüngliche Bedeutung des Wortes *Mandala*), das Reich des Himmels, mit dem Quadrat, dem Symbol der materiellen Welt auf Erden. Die Seiten sind nach den Himmelsrichtungen orientiert, ein Punkt in der Mitte stellt den Berg Meru dar, den kosmischen Berg, die Achse des Universums (siehe S. 22–23). In der Meditation ist das *Mandala* die Basis einer geistigen Reise ins Zentrum des Diagramms, hin zur Erleuchtung. In der Architektur wird es als Grundriss des Tempels verwendet, der die Struktur des Universums nachbildet und auch eine dreidimensionale Meditationshilfe darstellt. Im Zentrum des Tempels befindet sich das innere Heiligtum, über

Thanka *(Textilmalerei), spätes 18. Jh., mit Architekturmotiv. Darstellung des Samye-Klosters, des ältesten buddhistischen Schulklosters in Tibet. Die Gebäude sind nach dem Plan eines* Mandala *angelegt.*

dem sich ein Turm erhebt, das Symbol des Berges Meru.

In Übereinstimmung mit der Idee des *Mandala* teilen sich viele scheinbar unterschiedliche Aspekte der Realität eine gemeinsame Form. Der buddhistische Tempel von Borobudur (siehe S. 24–25, 162) beruht auf einem perfekten *Mandala* und ist zugleich *Stupa*, Altar, kosmische Achse, Zentrum der Welt, Leib und Lehre des Buddha.

Viele alte Zivilisationen glaubten, dass erst die Nachbildung der Struktur des Kosmos durch die sakrale Architektur als Modell für die Gesetze der Ge-

DAS HIMMLISCHE JERUSALEM

In den hebräischen Schriften (Altes Testament) wurde der Prophet Ezechiel in einer Vision auf einen hohen Berg getragen, auf dem ihm ein Engel ein genaues Bild des künftigen Tempels Salomons in Jerusalem zeigte. Im Neuen Testament wird die Idee der himmlischen Stadt Jerusalem als Zustand der göttlichen Vollendung fortgeführt, die einst auf Erden existierte und die am Ende der Zeiten wieder auf die Erde herabsteigen wird. Wie Ezechiel wird auch der Heilige Johannes im Buch der Offenbarung von einem Engel mit einem goldenen Stab auf einen hohen Berg gebracht, um die himmlische Stadt Jerusalem betrachten zu können. Hier aber bedeutet „Stadt" die Gemeinschaft der Christen, vereint durch Christus, das Opferlamm. Johannes sagt: „Ich sah keinen Tempel in der Stadt; denn ihr Tempel war der Höchste Herr und Gott und das Lamm." Sogar heilige Bauwerke werden verschwinden, wenn ihre Aufgabe durch die Person Christi erfüllt ist. Man wird keinen Tempel mehr als Mittler zwischen den Menschen und Gott brauchen.

Mosaik an der Kanzel der aus dem 6. Jh. stammenden Kirche San Vitale, Ravenna, Italien. Christus als Lamm Gottes im Zentrum eines Sternenhimmels – die Bilder symbolisieren die Auferstehung und das Reich des Himmels. Vier Engel, jeder auf einem Globus, tragen ihn.

---

sellschaft auf Erden menschliches Leben möglich machte. Diese Ansicht galt sowohl für die Stadt als auch für den Tempel und machte die spirituelle und politische Dimension der Macht praktisch identisch. In Mittelamerika wurden Städte oft als exaktes Modell einer himmlischen Stadt angelegt. Tenochtitlán, die Hauptstadt der Azteken wurde entsprechend einem göttlichen Ideogramm erbaut (siehe S. 134–135), während in Teotihuacan (siehe S. 114–115) die ganze Stadt mit ihren tausenden von Tempeln selbst einem großen Tempel entsprach.

Romulus gründete Rom, indem er eine kreisförmige Furche um den Palatin zog. Dieser Kreis, die Welt (*Mundus*), wurde wie der Kosmos in vier Teile geteilt. In historischer Zeit wurde diese legendäre Handlung bei der Gründung jeder neuen römischen Stadt wiederholt, wenn ein Augur einen Kreis auf dem Boden zog und ihn mit Linien nach den Windrichtungen viertelte. Die Ost–West–Linie repräsentierte den Lauf der Sonne, die Nord–Süd–Linie war die Achse des Himmels. Durch Gebete verbreitete der Augur diese Ausrichtung über das Gebiet der künftigen Stadt.

Himmlische Linien

Stonehenge, England (ca. 2500–2000 v. Chr.). Manche Forscher glauben, dass die Aufstellung der Steine eine genaue Vorhersage der Bahnen von Sonne, Mond und der Eklipsen erlaubt.

Die Ausrichtung eines sakralen Bauwerks ist selten willkürlich. Es kann nach einem Baum, entlang eines Flusses oder nach einem heiligen Geschehen der Vergangenheit ausgerichtet sein. Öfter noch ist es nach den Bahnen von Sonne, Mond, Sternen und Planeten ausgerichtet. Solch eine Ausrichtung kann entscheidend sein, damit das Bauwerk zu einem Schnittpunkt des irdischen Reichs der Menschen und des himmlischen Reichs der Götter wird.

Viele sakrale Bauwerke, von den griechischen Tempeln bis zu den megalithischen Gräbern, blicken auf die aufgehende Sonne als Quelle neuen Lebens und neuer Kraft. Auch in die meisten christlichen Kirchen tritt man von Westen her ein, und schreitet nach Osten zum Altar, vom Dunkel ins Licht, vom Tod zum Leben. Frühe englische Kirchen weichen manchmal leicht von dieser Achse ab und schauen in die Richtung des Sonnenaufgangs am Fest des Schutzheiligen des Gotteshauses. Oft soll durch bewusstes Abweichen von der genauen Ausrichtung etwas Besonderes ausgedrückt werden. In manchen kreuzförmigen englischen Kirchen befindet sich der Altarraum seitlich von der Stelle des geneigten Hauptes Christi am Kreuz.

Die Ausrichtung nach den Himmelsachsen entwickelte sich mit dem Wachstum von Städten und Reichen. Alte chinesische Städte wurden als Modell des Universums an einer Nord-Süd-Achse, dem himmlischen Meridian angelegt. Im Zentrum, an der Stelle des Polarsterns, lag der Palast. Die Stadt spiegelte somit die himmlische Ordnung auf Erden wider, mit dem Herrscher als Zentrum. Von den Sumerern bis nach Mexiko zeigen alte Städte immer wieder Parallelen zwischen den Himmelsachsen und der politischen Zentralgewalt.

Oft bestand ein enger Zusammenhang zwischen Astronomie und Architektur – etwa bei mittelamerikanischen Tempeln und Observatorien für Venus und die Plejaden (S. 16–17). Man vermutet auch, dass die engen Schächte der ägyptischen Pyramiden nach dem Gürtel des Orion ausgerichtet sind (S. 150).

Sakrale Bauwerke können auch direkt das Jahr repräsentieren – im traditionellen wedischen Hindualtar standen zum Beispiel 360 Ziegelsteine für die Tage des Jahres und 360 Steine für die Nächte. Manche Bauwerke wurden als Kalender entworfen, wie das vermutlich in Stonehenge und beim Big Horn Medicine Wheel in Wyoming der Fall ist. In Cuzco, der Inkahauptstadt in Peru, lag der Sonnentempel im rituellen Zentrum der Stadt. 41 *Ceques* (Visierlinien) gingen ausgehend vom Tempel durch bedeutsame Orte, die mit astronomischen Phänomenen und mit Ereignissen in der Geschichte der Inkas zusammenhingen. 328 Punkte entlang oder neben diesen heiligen Linien entsprachen der Zahl der Tage des Inkajahres.

DER PAWNEE-ERDBAU

Am Pawnee, in den nordamerikanischen Great Plains, soll jedes Dorf von einem Stern gegründet worden sein. Der Häuptling repräsentiert diesen Stern in der Gemeinde. Der kreisförmige Erdbau, das zeremonielle Zentrum des Dorfs, ist nach den Himmelsrichtungen ausgerichtet und in Einklang mit dem mythischen Glauben an die Sterne erbaut.

Wie die Anthropologen P. Nabokov und R. Easton beschreiben, ist der Boden des Erdbaus einen Meter vertieft. Man geht eine Rampe hinab und betritt den Bau von Osten her, wo ein Pfosten den Morgenstern darstellt, den Gott des Lichts, Feuers und Kriegs. Ein Pfosten am westlichen Ende stellt den Abendstern dar, die Göt-

tin der Nacht. Jeden Tag wirft der Morgenstern seinen Schein durch den Eingang in den Bau und wiederholt seine erste Vereinigung mit dem Abendstern, aus der der erste Mensch entsprang. Ein Pfosten im Norden ist der Nordstern, ein Pfosten im Süden die Milchstraße. Ein Altar im Westen ist der Garten des Abendsterns, in dem Korn und Büffel immer wieder neu entstehen. Vor dem Altar steht der Thron des Schöpfergottes Tirawa. Eine Feuergrube im Zentrum des Baus ist der offene Mund Tirawas, den der Bau durch einen Lichtschacht im Rauchloch betritt. Die Rituale werden von Gesängen begleitet, die ihren Höhepunkt erreichen, wenn dieses Licht direkt auf die Feuergrube fällt.

Schema eines Pawnee-Erdbaus.

Chichén Itzá, Mexiko

Chichén Itzá ist die größte Maya-Ruinenstadt der mexikanischen Halbinsel Yucatán. Die Stadt wurde von den Mayas um 600–830 n. Chr. errichtet, und wahrscheinlich 987 von den Tolteken erobert. Um 1200, in Zeiten von Krieg und zunehmender Instabilität, wurde sie aufgegeben.

Frühe Städte und Tempel sind oft nach der Nord-Süd-Achse ausgerichtet, dem Angelpunkt des himmlischen Dramas der Bewegung von Sternen und Planeten. Insbesondere im alten Mittelamerika: Hier wurden manchmal ganze Städte als präzis funktionierende astronomische Instrumente angelegt. Die Stadt Chichén Itzá, auf völlig ebenem Gelände, enthält eines der besten Beispiele astronomischer Architektur – das geheimnisvolle asymmetrische Caracol-Observatorium.

Der Astro-Archäologe Anthony Aveni identifizierte einzelne Gebäudegruppen, die nach 17 und 22 Grad Nordost ausgerichtet sind. Diese Ausrichtung steht in Zusammenhang mit Himmelsereignissen wie dem Untergang der Plejaden, dem Aufgang und Untergang der Sonne, der Tagundnachtgleiche und der Bahn der Venus, die als die gefiederte Schlange Kukulcan dargestellt wird, die als Abendstern stirbt und als Morgenstern wieder geboren wird.

Schächte und Öffnungen des Caracol erlaubten spezielle astronomische Beobachtungen. Maya-Astronomen erzielten erstaunliche Resultate – mit bloßem Auge und ohne optische Instrumente.

OBEN *Ein in Stein gemeißelter Schlangenkopf am Fuß der großen Pyramide von El Castillo stellt den Gott Kukulcan dar, das Gegenstück des aztekischen Quetzalcóatl bei den Mayas (siehe auch großes Bild gegenüber).*
OBEN RECHTS *Das Caracol-Observatorium erhielt seinen Namen (spanisch für „Schnecke") durch seine spiralförmige Treppe im Inneren.*

Der zylindrische Turm des Caracol auf einer zweistufigen Plattform besaß ursprünglich sechs Sichtschächte, von denen nur mehr drei erhalten sind. Die alten mittelamerikanischen Kulturen interessierten sich besonders für den Lauf der Sonne und das Erscheinen und Verschwinden der Venus, des Planeten des Gottes Kukulcan, der für Krieg und Blutopfer stand. Maya-Astrono-

men verwendeten den Caracol zum Markieren wichtiger Punkte der Venusbahn. Ihre ganz exakte Berechnung des Venusjahres beruhte auf in mehr als 384 Erdenjahren gesammelten Daten.

RECHTS Der Plan des Caracol-Observatoriums zeigt die wichtigsten astronomischen Orientierungslinien: (A) Sonnenuntergang bei Sommersonnenwende; (B) nördlichster Venusuntergang; (C) Sonnenuntergang am Tag des höchsten Sonnenstands; (D) Sonnenaufgang bei Sommersonnenwende; (E) Sonnenuntergang bei Wintersonnenwende.

OBEN Die Pyramide von El Castillo war dem gefiederten Schlangengott Kukulcan geweiht. Unmittelbar vor Sonnenuntergang der Frühjahrs- und Herbsttagundnachtgleiche hebt die Sonne eine Wellenlinie entlang der Balustrade der Treppe an der schattigen Nordseite der Pyramide hervor, die sich direkt zum steinernen Schlan-

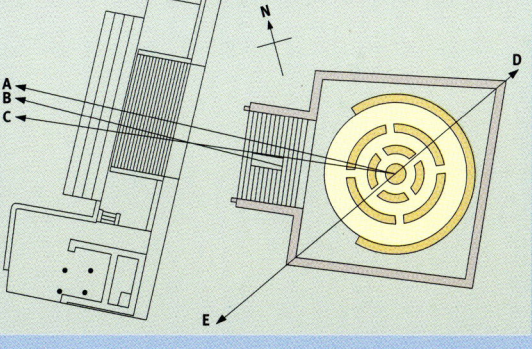

genkopf (siehe links gegenüber) am Fuß der Treppe schlängelt. Die Schlange scheint zum Leben zu erwachen und vom Tempel herabzusteigen – das galt vermutlich als heilige Erscheinung oder Manifestation des Gottes. Jede der vier Treppen der Pyramide hat 91 Stufen. Zusammen mit der Sockelstufe ergibt das 365, eine für jeden Tag des Mayajahres.

Der kosmische Pfeiler

Eine vertikale Achse, die diese Welt mit jener darüber und darunter verbindet, taucht in vielen Religionen der Welt in drei Haupttypen auf. Der Berg der Welt und der kosmische Baum sind die bekanntesten; der dritte ist das Feuer mit der zum Himmel aufsteigenden Rauchsäule. In der Architektur stellt der Pfeiler oft die archetypische kosmische Achse dar, die Zentrallinie, um die andere Objekte rotieren, und auf die sie sich beziehen. Pfeiler können auch Ideen widerspiegeln, die nichts mit dem Zentrum zu tun haben: Alte griechische Säulen etwa symbolisierten vermutlich heilige Wälder, in denen die Götter wohnten. Bei vielen Pfeilerformen ist die kosmologische Bedeutung evident, vom Totempfahl, der rituellen Stufenleiter und dem Lotusstängel bis zum *Lingam* (Phallus) des Hindugottes Shiva. Der kosmische Pfeiler wird auch in Turmspitzen und Fialen, in einer imaginären Linie im Gebäudeinneren, oder gar vom höchsten Punkt des Daches aus dargestellt.

Eine solche Pfeilersymbolik verbindet meist die Erde (und manchmal auch die Unterwelt) mit dem Himmel. Zum vollen Verständnis muss sie aber immer im jeweiligen kulturellen Kontext gesehen werden. Die Totempfähle der nordamerikanischen Ureinwohner verbinden das Bild des kosmischen Pfeilers mit Darstellungen der Zeichen der heiligen Tiere ihres Stamms. Die zum Himmel ragenden Totempfähle künden von der Ehre aller Vorfahren der Menschen, die darunter in Häusern wohnen.

Bilder der kosmischen Achse sind besonders in Asien ausgeprägt, wo sie auf die alte indische Kosmologie des Berges Meru zurückgehen, der im Zentrum der Welt steht (siehe S. 22–25, 140–141). Die indischen Götter verwendeten diese Achse, um den Urozean umzurühren und damit die Schöpfung des Universums auszulösen. Ein damit verbundenes Bild stellt der Gnomon dar, den Sonnenuhrzeiger. Im alten Indien war der Gnomon eine Säule mit zwei Funktionen: Er warf den Schatten, durch den die Himmelsrichtungen bestimmt wurden und war eine architektonische Dar-

Ein Totempfahl des Volks der Tsimshian in Britisch-Kolumbien, Kanada. Er stellt einen Vorfahren und ein Tier mit Flügeln dar, Symbol der Sippe. Das Hochstreben des Pfahls zeigt die Verbindung zwischen Erde und Himmel.

KULTISCHE BÄUME

Bäume dienen Architekten und Baumeistern weltweit als Inspiration; sie liefern neben Baumaterial auch eine Fülle von Bildern: von Vertikalität oder Festigkeit, von ausgebreiteten Ästen, aufsteigenden Säften und Leben spendenden Früchten. Vitruvius, römischer Architekt des 1. Jh. v. Chr., behauptete, die ersten Säulen seien eigentlich Bäume gewesen.

Der Baum ist ein fundamentales Bild des Schamanismus, bei dem der Schamane als Seher in Trance verfällt und – wie man sagt – in das Reich der Geister fliegt. In Zentralasien wird der rituelle Aufstieg oft als „Erklimmen des kosmischen Baums" beschrieben, dessen sieben oder neun Äste die verschiedenen Ebenen des Universums bilden. Beim Stamm der Kwakiutl an der Nordwestküste Nordamerikas wird der „Kannibalenpfahl" mit Rinde der roten Zeder umhüllt, um ihm „*Nawalak*" (übernatürliche Kraft) zu verleihen. Der durch das Dach ragende, zwölf Meter hohe Pfahl stellt den kupfernen Pfeiler der Welt dar, der den Himmel trägt. Diesen Pfahl ersteigt der Schamane beim Ritual, um zu den fernen Reichen des Universums zu gelangen. Der Pfeiler ist auch das Symbol des Gottes Baxbakualanyxsiwae („der Menschenfresser der Flussmündung").

In modernen Jurten gibt es statt offenen Feuerstellen nun Herde. Feuer gilt immer noch als heilig; das Ofenrohr lässt den Rauch dem Himmel zu entweichen.

tet wird, wiederholt sich also symbolisch dieser Akt der Trennung, durch den das Leben entstand. So lange das Urchaos in vertikale Teile wie Himmel, Erde und die Unterwelt der Dämonen getrennt bleibt, wird die Welt weiter bestehen bleiben.

stellung des Götterkönigs Indra, der Himmel und Erde „gegeneinander abstützte". Sowohl der Berg Meru als auch der Gnomon werden im *Shikhara*, dem zentralen Turm eines Tempels repräsentiert. Jedes Mal, wenn ein Tempel errich-

Die Symbolik der innerasiatischen Jurte (einem Wohnzelt mit Kuppeldach) bezieht sich auf eine Kosmologie mit den Himmelsrichtungen und einem dreischichtigen Universum. Hier ist der Pfeiler unsichtbar, aber von zentraler Bedeutung. Die mongolische

GOTISCHE TURMSPITZE

Das Hauptelement des gotischen Stils ist die Vertikale. Spitzbögen, Strebepfeiler, Kreuzrippengewölbe und Turmspitzen sind himmelwärts gerichtet. Diese Elemente kamen erstmals 1144 in der revolutionären Abteikirche St. Denis bei Paris vor. Die erste große Turmspitze befand sich auf dem Südturm der Kathedrale von Chartres (1194–1220). Es waren aber weit mehr Turmspitzen geplant, als schließlich aufgrund der Schwierigkeiten, Gefahren und Kosten ausgeführt wurden. (Chartres sollte sechs statt der zwei tatsächlich gebauten erhalten.)

Anders als die ruhige Harmonie des griechischen Tempels kennt der gotische Turm konturenreiches Maßwerk, Unterbrechungen der Linie und spitze Fialen als Ausdruck religiösen Strebens. Der Architekturhistoriker Nikolaus Pevsner schreibt, dass die gotische Architektur ein labiles Gleichgewicht zwischen der Vertikalen und der Horizontalen herstellt. Die Turmspitze – die Kulmination all dieser Elemente – bildet den logischen Abschluss der am Sockel beginnenden Aufwärtsbewegung. Die Balance und der Kontrast zwischen dem Aufwärtsstreben und den horizontalen Kräften spiegelt die Spannung der nach Heil strebenden Seele wider.

Die Spitzen des Mailänder Doms (begonnen 1386) steigen aus einem Wald von Fialen zum Himmel auf.

PAGODEN

Die Pagode ist eine fernöstliche Weiterentwicklung der buddhistischen Stupa (siehe S. 104–105). Die chinesische Pagode ist Teil eines Tempels mit einem Buddhabild auf dem Fußboden, unter welchem sich eine Krypta mit vergrabenen Schätzen befindet. Die Pagode kann hohl sein oder mehrere Stockwerke mit einer Serie von Bildern oder eine Riesenstatue über mehrere Stockwerke enthalten.

Die elegante Serie immer weiter in den Himmel zurückweichender Dächer und Balkone entstand vermutlich aus den dreizehn Scheiben oder „Schirmen" indischer Stupas des 11. Jh. Es gab aber auch ein lokales Vorbild der Pagode: das Privathaus mit einem einzigen quadratischen Raum,

Der Porzellanturm Nanjing aus dem 15. Jh., erbaut unter Kaiser Yongle aus Ziegeln und glattem, glasiertem, weißen Porzellan.

über dem ein kleinerer Raum und darüber ein Speicher lag.

Pagoden wurden meist so errichtet, dass sie böse Geister aus Nordosten abwehren konnten – der Richtung, aus der das Böse kommt. Die ungerade Anzahl von Stockwerken – meist sieben, neun oder dreizehn – hat kosmische Bedeutung. In der jüngeren Vergangenheit hatten Pagoden verschiedene Funktionen – die Ausschau nach Feinden oder die Verkündigung von Pracht und Macht der Regenten.

Japanische Pagoden haben meist fünf Dächer, die den quadratischen Unterbau weit überragen, und darüber den dünnen, aus vielen Schichten bestehenden „Hosho", die heilige Spitze des Tempels. Die Pagode ist oft von Pinien umgeben, deren Silhouette sie gleicht.

Jurte besteht aus über eine runde Struktur von geflochtenem Holz gebundenem Filz, und aus einem Dach aus Stangen, die von einem zentralen Ring ausgehen. Die äußeren Enden der Stangen sind mit den Wänden verbunden, die inneren sind in den zentralen Ring eingefügt. Der von zwei Pfosten gestützte Ring ist offen und dient als Rauchabzug. Die Linie vom Herd durch den Rauchabzug zum Himmel bildet die vertikale Achse, und vom Herd aus werden die vier Himmelsrichtungen bestimmt. Das Herdfeuer ist zugleich ein heiliges Feuer. Es wird vor Verunreinigung und Übergriffen geschützt und symbolisiert den Fortbestand des Lebens der Familie. „Dein Herdfeuer soll erlöschen" ist der allerschlimmste aller Flüche; er gleicht dem

Wunsch nach Auslöschen aller Nachkommen. Wie der Rauch an einem ruhigen Tag, so steigt auch das Gebet zum Himmel, der Quelle allen Heils. Der Dampf des auf dem Herd gekochten Fleischs gilt als Opfer für den Himmel.

Die Jurte ist ein Archetyp – eine kuppelförmige Hütte im idealen Zentrum der Welt, mit einer Achse zum Himmel, welchen man in ganz Asien antrifft, wenn auch mit unterschiedlicher Bedeutung. Eine Variante im alten Indien war die Kuppel auf der zentralen Erhebung des Tempels, wie etwa bei den Tempeln von Mamallapuram in Südindien aus dem 7. und 8. Jahrhundert (siehe S. 140). Die Kuppel symbolisiert die Hütte des Einsiedlers und das Dach der vertikalen Achse des kosmischen Pfeilers.

Tempel als Berge

Das, was in vielen Religionen als der Inbegriff des Strebens nach dem Himmel gilt, sind Berge, die oft als heilig und als Wohnsitz der Götter angesehen werden. Der Kilimandscharo ist den Masai in Ostafrika heilig, der Olymp war es für die alten Griechen. Der Kailash im Himalaja wird von Hindus, Buddhisten und Anhängern des Bon-Po, der alten schamanischen Religion Tibets verehrt. Die vier Seiten des Kailash ähneln dem mythischen Berg Meru, dessen Seiten ebenfalls nach den Himmelsrichtungen ausgerichtetet sind.

Sogar dort, wo Berge selbst nicht als heilig gelten, sind sie Orte für das mögliche Erscheinen der Götter. In der jüdischen Überlieferung erschien Jahwe Moses auf dem Berg Sinai. Solche Orte werden oft mit einem Tempel gekrönt, wie auf den fünf heiligen Berggipfeln des Taoismus in China.

Ein vergoldetes Bronzemodell des Berges Meru in Nordchina, 18. Jh. Als Zentrum des hinduistischen, jainistischen und buddhistischen Kosmos ist der Berg von konzentrischen Ozeanen, Kontinenten und Himmeln umgeben.

Ebenso wie der Tempel ein Modell des Kosmos auf Erden darstellt, spiegelt er den Berg wider, der das Zentrum dieses Kosmos ist. In den bewässerten Wüstenlandschaften Mesopotamiens und Ägyptens wurde der Tempel oftmals als Abbild des mythischen Munds der Erde errichtet, der sich aus dem Urwasser erhebt (siehe S. 88–89). Das Wort „Zikkurat" (Stufenpyramide) stammt vom babylonischen Wort für „Berggipfel" ab.

Die Stufenpyramide des Djoser in Saqqara, Ägypten, eine der frühesten Pyramiden (3. Jahrtausend v. Chr.) mit mehreren abgestuften Ebenen. Ihre gewaltige Masse dominiert die Wüste.

BERG UND HÖHLE

Die Bergsymbolik in der sakralen Architektur der Hindus und Buddhisten ist oft kombiniert mit jener der Gebärmutter (*Garbha*) oder Höhle. Die *Stupa* hat eine innere Kammer, das kosmische „Ei", zur Hervorhebung der regenerativen Qualitäten der heiligen Reliquie in ihrem Inneren. Der hinduistische Tempelberg kann höhlenartige Räume haben. Im Tempel von Parvati (*ca*. 465 n. Chr.) in Nachna, Radschasthan, stellen die Außenwände Felsen und Grotten voll wilder Tiere dar.

Die Stupa *in Bodnath, Katmandu, Nepal. Die bergartige Hülle wird von einer Spitze überragt, die die 13 buddhistischen Himmel darstellt.*

Beispiele dieser Berghöhlen mit ihrem Bezug zu Gebärmutter und Wiedergeburt finden sich weltweit in Gräbern, Pyramiden und Mausoleen (S. 144–57). Unter der Sonnenpyramide in Teotihuacan, Mexiko (S. 114–115), befindet sich die gebärmutterartige heilige Höhle eines sehr alten Volks, welche die Azteken später vermutlich für ihren mythischen Herkunftsort hielten.

In manchen Ausformungen des hinduistischen und buddhistischen Tempels wurde die Idee des kosmischen Bergs explizit sichtbar. Der Altar allein konnte den Berg symbolisieren, oft noch verstärkt durch eine Altarterrasse, eine Stupa oder einen Schrein, und schließlich durch die Wiederholung dieser Formen in sich verkleinernden Elementen, die in Summe den gesamten Tempel bilden. Solche Tempel mit sich wiederholenden Ornamenten gleichen einer Bergkette. Ganz ähnlich stellten auch in Mittelamerika mehrere Mayatempel auf einer einzigen Plattform eine Bergkette dar, die den Wald darunter überragte (siehe S. 112–113). In Angkor, Kambodscha, symbolisiert die architektonische Anordnung des Tempels die konzentrischen Ringe des Hindu-Universums, beherrscht vom Berg Meru im Zentrum. Um die Ähnlichkeit mit dem Berg Meru zu unterstreichen, ist das Fundament des Baphuon-Tempels unterirdisch verborgen, so als ob er – wie die kosmische Achse – durch unsere Welt nur auf seinem Weg von der Unterwelt zur höheren hindurchginge.

Als Aufstiegshilfe der Seele zu den Göttern kann der Berg Sockel einer Leiter sein, aber sogar ein kleiner Fels kann Basis für das Streben zum Himmel sein. Das Fundament des alten Tempels Salomons in Jerusalem liegt nun im Herzen des moslemischen Felsendoms (siehe S. 141). Hier erklomm der Prophet Mohammed eine Leiter aus Licht durch die sieben Himmel zu Allah.

Borobudur, Java

Der buddhistische Tempel in Borobudur, Zentraljava, begonnen im 8. Jh. n. Chr., ist vermutlich weltweit der am besten entwickelte Ausdruck des Tempels als Berg. Errichtet auf dem Gipfel eines kleinen Hügels, entfaltet er seine Wirkung nicht durch himmelwärts gerichtetes Streben, sondern durch seine gewaltige Masse, seine Ornamente und den subtil inszenierten Aufstieg des Besuchers.

Ähnlich wie in Angkor, Kambodscha, und Pagan, Myanmar (Burma), folgt der Tempel dem Grundriss des *Mandala* (Diagramm des Kosmos), und blickt zu den vier Himmelsrichtungen. Auf einem quadratischen Fundament stehen fünf quadratische Terrassen, darauf drei kreisförmige. Die unteren Terrassen sind gesäumt von Galerien mit Basreliefs in ausdrucksvollem Stil, auf den kreisförmigen Ebenen stehen 72 durchbrochene *Stupas,* ganz oben eine große massive *Stupa.* An jeder Seite führt eine Steintreppe nach oben.

Der Tempel ist Stein gewordener Ausdruck der buddhistischen Metaphysik und Lehre und bietet eine sicht- und erfahrbare Hilfe für die Suche des Gläubigen nach Erlösung. Der Pilger dringt nicht wie bei den meisten hinduistischen und ägyptischen Tempeln in den Berg ein, sondern besteigt ihn außen, vorbei an Darstellungen der Welt, wie wir sie kennen, zur Ebene der inneren Vision auf den höheren Terrassen. Die Reise zum Gipfel der kosmische Achse ist auch eine Reise zur letzten Erkenntnis.

OBEN, OBEN RECHTS UND GEGENÜBER LINKS
Die Terrassen des Tempels umfassen zahlreiche Skulpturen. Die unteren quadratischen Galerien werden im Uhrzeigersinn durchschritten. Die Reliefs erzählen die fortlaufende Geschichte der verschiedenen Leben Buddhas. (Das Bild rechts oben stellt den vor einigen Anhängern predigenden Buddha dar, das Bild links gegenüber zeigt eine Szene mythischer Geschöpfe.) Die nächsten vier Ebenen stellen die spirituellen Wanderungen des Jüngers Sudhana dar. Am Ende der quadratischen Terrassen macht sich der Pilger bereit zum Aufstieg auf die kreisförmigen Terrassen mit dramatisch veränderter Architektur. Sudhana betritt das Reich des künftigen Buddha, Maitreya, am Berg Meru.

GROSSES BILD OBEN *Die Luftaufnahme von Borobudur zeigt, wie der Tempel nach dem Plan eines* Mandala *erbaut wurde (siehe S. 162). Wie beim Meditieren über einem* Mandala *steigt der Besucher zur höchsten Ebene auf – zum Symbol des buddhistischen* Nirwana *(Erleuchtung).*
OBEN RECHTS *Jede* Stupa *der kreisförmigen Ebenen enthält die Statue eines meditierenden* Buddhas, die man, wenn auch nur schwer, durch das steinerne Flechtwerk sehen kann. Die oberste Stupa, an der Achse des Universums, enthielt eine verloren gegangene Statue, vermutlich des ersten Buddhas (Adi Buddha), des Ursprungs des Universums. Die Statue, das Symbol der vollendeten Formlosigkeit, war für die Pilger unsichtbar.

Wohnstätten der Götter

Sakrale Bauten sind Ausdruck eines fundamentalen Paradoxons. Götter sind die treibende Kraft der Erde, sind aber nicht von dieser Erde. Sie sind immanente Objekte des Kults und zugleich transzendent. Wir begegnen ihnen in sakralen Gebäuden, doch – obwohl sie heilige Reliquien als Objekte der Verehrung und Zeichen ihrer Gegenwart hinterlassen – können sie in diesen nicht enthalten sein. Sakrale Architektur ist ein Versuch, die Gegenwart des Göttlichen einzufangen, das aufgrund seiner Natur nicht wirklich erreicht werden kann.

In monotheistischen Religionen betont man die gestaltlose, transzendente Natur Gottes. Dies wird am deutlichsten im Islam und Judentum demonstriert, deren Moscheen und Synagogen keine Abbilder Gottes sind, sondern die Ver-

Der Horustempel (237–57 v. Chr.) in Edfu. Im alten Ägypten glaubte man, dass die Götter tatsächlich in ihren Tempeln wohnen: Die von den Priestern im inneren Heiligtum gehütete Statue verkörperte das Wesen des Gottes. Der Tempel war ein Zeichen der Wertschätzung des Gottes und somit des Pharaos.

ehrung auf sein kosmisches Gesetz konzentrieren, wie es im heiligen Buch steht (siehe S. 96–97, 108–109). Im Christentum sind Kirchen zwar „Haus Gottes", man versteht aber darunter nicht, dass Gott in einer Kirche residiert, sondern, dass man ihm dort am besten begegnen kann. Synagogen, Moscheen und Kirchen sind nicht die Wohnstätten eines Gottes wie Schreine und Tempel anderer Religionen, sondern Häuser für das Volk Gottes (siehe S. 42–43).

In polytheistische Religionen wie dem Hinduismus oder bei den alten Griechen beherbergen Tempel die Götter und dienen zum Teil dazu, sie voneinander zu unterscheiden. Manche Religionen verbinden Begriffe der göttlichen Transzendenz mit der Idee des Wohnens. Priester im alten Ägypten badeten und speisten die Statue des jeweiligen Gottes im inneren Heiligtum täglich. In Japan wurden buddhistische Tempel als Wohnstätten für Mönchgemeinschaften errichtet, der Schintoschrein hingegen beherbergt *Kami*-Gottheiten und wird von Gläubigen nicht betreten. Götter sind in dieser Welt nicht immer und überall gleich gegenwärtig. Auch wenn sie in einem sakralen Gebäude wohnen, sind sie dort an bestimmten Tagen und bei Zeremonien intensiver als gewöhnlich anwesend. Die Idee des Bewohnens kann bei Prozessionen einer Statue oder Reliquie um den Tempel im Vordergrund stehen (siehe S. 76–79). Dieser Gedanke ist bei palastartigen Tempeln besonders ausgeprägt, von denen die Götter wie Könige in ihr Reich hinabsteigen. Manchmal wird eine Statue sogar im Tempel angekettet, um den Gott daran zu hindern, eine belagerte Stadt im Stich zu lassen.

HINDUISTISCHE TEMPELSCHREINE

In manchen Hindutraditionen werden Gottheiten wie Krishna und seine Gemahlin Radha in Menschengestalt dargestellt – folglich wird der Tempel zu ihrem Haus. Die Bilder werden in Schreinen mit Türen und Vorhängen aufgestellt, um ihnen nachts auf einem Miniatursofa Privatsphäre zu gewähren. Für die Alltagshandlungen der Götter, wie etwa Aufwachen, Ankleiden, Baden und Essen, gibt es eigene Rituale, und im Tempel wird eine große Auswahl an Kleidung und Schmuck aufbewahrt.

In größeren Tempeln teilen sich die Gottheiten ihre Residenz mit ihren Dienern – den Asketen und Priestern. Es gibt auf dem Gelände also Schlafräume, von reich geschnitzten und bemalten Holzgebäuden bis zu modernen Wohnhäusern. Gästehäuser stehen für Besucher bereit, und für die große Zahl von Menschen, die zu den Hauptfesten kommen, werden Vorkehrungen getroffen. Viele Tempel haben Küchen, Speisezimmer und Vorratskammern, einige sogar Ställe für die Milchkühe.

Nahrungsmittel werden zuerst den Göttern in kleinen symbolischen Mengen geopfert und dann von den Gläubigen als *Prasad* (heilige Reste) verspeist. Der Tempel ist ein Mikrokosmos geheiligten menschlichen Lebens.

Ein Opfer am Schrein Krishnas (Govinda) und Radhas. Ähnliche kleinere Schreine stehen auch in den Häusern von Hindus.

Die Wahl des Standorts

Heilige Stätten sind markante Orte. Ein Berggipfel oder eine Quelle können z. B. als von sich aus heilig angesehen werden, als Fokus göttlicher Präsenz. Viele Hindutempel sind an einem *Sangam*, dem Zusammenfluss zweier Flüsse, errichtet. Ein Ort kann durch Ereignisse, die sich dort zugetragen haben, oder durch Rituale geheiligt werden.

Menschen brauchen ein besonderes Gespür, um den heiligen Charakter eines Ortes zu erkennen. Das wohl beste System der Vorhersage, wo in der Landschaft verborgene Kräfte zu finden sind, ist Feng-Shui, ein alter chinesischer Glaube, der sich damit befasst, Gebäude in möglichst harmonischer Beziehung zu ihrer Umwelt zu errichten. Diese Praxis verknüpft die spirituellen Eigenschaften von Land und Bauwerken und beeinflusst nicht nur die Errichtung von Tempeln, sondern auch von Gräbern, Häusern und Büros. Die Verbotene Stadt in Peking wurde ganz nach diesen Prinzipien angelegt.

Feng (Wind) wird mit abstrakten, ungreifbaren Kräften assoziiert, *Shui* (Wasser) ist mit der greifbaren physischen Umwelt verbunden. Die Feng-Shui-Praxis untersucht die Wechselwirkung dieser Kräfte. Nach chinesischem Glauben besteht die Welt aus positiven Energien oder *Qi* (Atem, Luft, Strö-

Feng-Shui-Experten analysieren mit einem speziellen Kompass (Lo Pan) die Lage eines Bauwerks und erzeugen so eine „Geburtsurkunde" des Orts.

mung; gesprochen Dschi) und negativen Kräften oder *Sha*. Feng-Shui will den *Qi*-Strom verstärken und den *Sha*-Fluss ablenken. *Qi* wird vom Wind verweht und vom Wasser getragen; zu viel von beidem vertreibt die positiven Einflüsse. Zu wenig Bewegung verursacht jedoch Stagnation. Wenn ein Haus in einer zu ruhigen Umgebung steht, errichtet man Luftlöcher oder Aquarien mit Fließwasser, um Bewegung zu erzeugen. Denn die Lebenskraft des *Qi* ist nicht statisch, sondern bewegt sich ständig durch die Landschaft und den menschlichen Körper.

Die Theorie des Feng-Shui teilt sich in die Kompassschule, beruhend auf astrologischen und numerologischen Berechnungen und die Formschule, beruhend auf der Bedeutung von Formen und Symbolen. In der Praxis werden diese von vielen Experten kombiniert. Das höchste Ziel von Feng-Shui ist die Schaffung von Harmonie und Gleichgewicht zwischen äußeren und inneren Kräften, zwischen Mensch und Umwelt.

Im Zentrum der Theorie der Kompassschule steht das Prinzip der fünf Elemente (Holz, Feuer, Erde, Metall und Wasser). Jedes Element hat bestimmte Eigenschaften, die mit Landschaftsformen, Gebäuden oder Personen verbunden sind. Die fünf Elemente entsprechen den fünf Richtungen (Ost, Süd, Zentrum, West und Nord), die auch astronomischen Tierzeichen und speziellen Farben entsprechen.

In der Formschule sind Formen von Landschaften und besonders von Gebäuden von größter Bedeutung. Das flache Land ohne Wellen und Hügel gilt als leblos und hat kein *Qi*. Die Chinesen be-

er vermittelt. L-förmige Grundrisse gelten als instabil. Ein Haus mit schmaler Front, das sich nach hinten weitet, bedeutet Wohlstand und viele Nachkommen. Spitzwinklige Ecken gelten als stagnierende Bereiche des *Sha,* das Krankheit bringen kann.

Auch in anderen Kulturen verwendet man spezielle Techniken zur Verstär-

Viele Gebäude in Hongkong – auch moderne Wolkenkratzer – wurden nach den Regeln des Feng-Shui errichtet. Ein berühmtes Beispiel ist die Hongkong and Schanghai Bank (rechts vom Zentrum), entworfen vom Architekten Norman Foster in Abstimmung mit einem Feng-Shui-Experten.

zeichnen Hügel und Berge als Drachen und Tiger (die Drachen sind die größeren). Beide ergänzen einander und es ist wichtig, beide in einer Landschaft zu identifizieren. Gebäude sollten im Osten einen Drachen und im Westen einen Tiger haben – die beste Lage ist da, wo ein Hügel hinter dem anderen beginnt, wenn also Drache und Tiger einander umarmen. Die ideale Gebäudeform ist das Quadrat, das Stabilität und Ausdau-

kung des heiligen Potenzials eines Ortes. Die Heikum, Buschmänner der Kalahari, errichten ihre Lager um einen heiligen Baum, der so zum Zentrum ihres Territoriums wird. Der Häuptling bestätigt die Heiligkeit des Baums, indem er seine Hütte an dessen Fuß erbaut und das heilige Feuer entzündet. Die anderen Hütten werden im Halbkreis um den Baum errichtet. Im Hinduismus werden die natürlichen Eigenschaften eines für

Der Mahabodhi-Tempel in Bodh Gaya, Indien, wurde an der Stelle der Erleuchtung Buddhas unter dem heiligen Bodhi-Baum *erbaut.*

den Tempelbau ausgewählten Orts durch die *Vastupurusha-Mandala* (S. 36) in etwas Kosmisches und Universelles verwandelt. Heilige Stätten können sogar an anderen Orten reproduziert werden. Der ägyptische Tempel stellte einen von Wasser umgebenen Erdhügel dar (S. 88–89). Frühe Schilftempel standen wahrscheinlich auf solchen aus der jährlichen Flut ragenden Inseln. Spätere Steintempel wurden zwar auf soliden Fundamenten erbaut, ihre Architektur imitierte jedoch den alten Erdhügel.

Ein Ort kann durch ein Ereignis in mythischer oder historischer Zeit Heiligkeit erlangen und Menschen reagieren darauf oft mit der Errichtung eines sakralen Gebäudes an jener Stelle. Einige der bedeutendsten Tempel der Hindugöttin stehen dort, wo nach ihrem Selbstmord und ihrer Zerstückelung Teile ihres Körpers gelegen haben sollen. Buddhismus und Christentum haben einen starken Reliquienkult; Schreine stehen oft am Ort eines Ereignisses im Leben einer bedeutenden Person. Die Stationen des Lebens von Buddha sind mit *Stupas* markiert, so wie Leben und Tod christlicher Heiliger und Märtyrer durch Reliquienschreine gekennzeichnet sind. Die ersten *Stupas* enthielten eine Reliquie vom Körper Buddhas, in Gräbern christlicher Heiliger kann der einbalsamierte Körper des Heiligen ruhen.

Bedeutende religiöse Ereignisse tragen sich oft an Orten zu, die schon vorher als spirituell mächtig galten. An solchen Orten zu bauen bedeutet, auf deren spirituelle Kraft zu zählen und sie durch die Existenz des Gebäudes und die Zeremonien darin zu verewigen. Die Bauwerke vereinen dabei den heiligen Ort mit heiliger Zeit.

Typisch für weltberühmte heilige Stätten ist der wiederholte Um- und Neubau, wenn an derselben Stelle Gebäude erweitert oder ersetzt werden. Da ein heiliger Ort die Aufmerksamkeit auf die Objekte und Handlungen in seinem Inneren lenkt, wird er zum spirituellen Anziehungspunkt für die Gläubigen, die auf seine stets wachsenden heiligen Kräfte bauen. Was als bescheidener Schrein beginnt, kann wachsen, wenn seine Wirkung bewiesen wird. Das kann bei Pilgerstätten wie Lourdes, das für seine Heilungen und Erhörungen berühmt wurde, sehr dramatisch geschehen. Die Kraft der Visionen der Heiligen Bernadette aus dem 19. Jh. wird mit jeder Genesung eines kranken Pilgers in der prächtigen Basilika, die heute die Stätte überragt, neu bestätigt.

Die sakrale Macht eines Orts kann auch religiöse oder politische Veränderungen überdauern und weiter wachsen, wenn eine Religion verworfen wird, die Macht des Orts aber weiter anerkannt bleibt (S. 156–157). Die Sowjets übernahmen nicht nur die Anlagen, sondern auch die spirituelle Kraft des Kremls in Moskau. Mit dem Bau der Stufenpyramide für Lenin an der Kremlmauer stellten sie einen Reliquienkult in das Herz des atheistischen Staats.

RITUELLE HIERARCHIE

Sakrale Bauten dominieren oft die Gemeinde. Von der europäischen Kathedrale, über die engen Gassen der Altstadt ragend, bis zum Haustempel des Häuptlings in den Dörfern Südostasiens – überall tritt dasselbe Thema auf. Traditionell sind die Dörfer auf der Insel Nias in Indonesien nach der sozialen Hierarchie, beginnend mit dem Häuptling, angeordnet. Das Dorf besteht aus zwei breiten, einander kreuzenden Straßen. An der Kreuzung stehen sakrale Fundamentsteine und Megalithen, aber auch das Häuptlingshaus. Tempel sind nicht zu finden. Es trägt zum sozialen Aufstieg bei, wenn Steinmonumente errichtet und Feste abgehalten werden – ein Ritual, das im Bau eines „großen Hauses" gipfelt.

Das massive Häuptlingshaus demonstriert den rituellen Status in der Gemeinde. Die Häuser der angesehenen Einwohner befinden sich in seiner Nähe. Sie sind höher als die der einfachen Menschen. Alles im Dorf – Aussehen und Stil, Höhe und Lage der Häuser – weist deutlich auf die sozialen und zeremoniellen Rangunterschiede hin.

Dorf auf der Insel Nias. Blick vom Haus des Häuptlings auf die Haupt- und Prozessionsstraße. Entsprechend dem Rang ihrer Eigentümer sind die Häuser mehr oder weniger reich geschmückt.

Die mythische Dimension

Mythos bedeutet, die Gegenwart mithilfe der Vergangenheit zu deuten – ein Versuch zu erklären, wie bestimmte Phänomene zu dem wurden, was sie sind. Die Bedeutung der Struktur eines sakralen Bauwerks kann durch den Mythos ebenso erklärt werden wie die Rituale, die darin stattfinden. Wenn die Anlage des Tempels die Ordnung des Kosmos widerspiegelt (siehe S. 12–13), so lehrt uns der Mythos, wie dies geschieht.

Heilge Gebäude können Ort der Darstellung mythischer Ereignisse und der Bekräftigung der in ihnen dargestellten Wahrheit sein. Im wedischen Hinduismus ist die Weihe des Altars der Nachvollzug des Schöpfungsakts. Der Lehm im Fundament des Altars symbolisiert die Erde; das Wasser mit dem er vermischt wird, stellt das Urwasser dar; die Seitenwände symbolisieren die Atmosphäre. Im Christentum gibt es Zeremonien zur Erinnerung an die Geburt, Kreuzigung und Auferstehung Christi zu Weihnachten und zu Ostern; das Letzte Abendmal wird in der täglichen Eucharistiefeier wiederholt.

Bauwerke können auch durch ihre Struktur Mythen verkörpern oder reflektieren. Bei den Dogon in Mali spiegeln alle Speicher die Architektur des Kornspeichers des Herrn der Reinen Erde wider, der am vierten Tag der Schöpfung vom Himmel auf die Erde kam. Für die Dogon stellt der Kornspeicher eine fruchtbare weibliche Figur dar, den „Bauch der Welt". In einem weiteren mythischen Zusammenhang

wird er in acht Bereiche geteilt, zum Speichern der acht Saaten, die Gott den acht Urvätern gab. Auch steht er für die acht inneren Organe des Körpers. Diese Mythen werden in Riten bekräftigt und durch den Respekt, der im täglichen Leben dem Korn entgegengebracht wird. Wie beim wedischen Altar und bei christlichen Kirchen wird die religiöse Bedeutung des Dogon-Speichers durch

LINKS *Hölzernes Speichertor mit Schnitzereien von Symbolen und Figuren der Dogon–Mythologie .*
UNTEN *Ein Dogon-Dorf in Mali mit typischen strohgedeckten Speichern.*

Ein Kiva (Zeremonienraum) des Volks der Anasazi in Pueblo Bonito, Chaco Canyon, New Mexico. Kivas werden von Pueblo-Völkern wie den Hopi immer noch verwendet. Durch das Loch im Boden, einem Zentrum der Rituale, kamen nach dem Hopi-Schöpfungsmythos die ersten Menschen.

Erzählungen oder Mythen verbreitet, die vielfache Interpretationen erlauben. Das heilige Gebäude ist Bezugspunkt dieser Auslegungen und stellt den Raum dar, sie zu erfahren.

Manchmal treffen Ort und Mythos zusammen. In Mittelamerika befahl der Gott Huitzilopochtli den wandernden Atzteken, einen Adler zu suchen, der auf einem Kaktus sitzt und eine Schlange frisst: Dieses Zeichen sollte den Ort bestimmen, an dem sie sich niederlassen sollten. Sie fanden den Adler auf einer Insel im See Texcoco und erbauten dort ihre Hauptstadt Tenochtitlán.

Manchmal ist die Errichtung eines Tempels so sehr mit Bedeutung befrachtet, dass man eine göttliche Quelle und Inspiration annimmt. Im alten Irak (*ca.* 2100 *v. Chr.*) erbaute König Gudea von Lagash dem Stadtgott Ningirsu einen Tempel nach einem Traum, in dem der Gott ihm den detaillierten Plan des Tempels enthüllt hatte. Statuen zeigen den König oft mit dem Plan auf seinem Schoß.

DAEDALUS

In der griechischen Mythologie entkommt der Architekt Daedalus, der von König Minos auf Kreta in einem von ihm selbst entworfenen Labyrinth gefangen gehalten wurde, auf Flügeln aus Wachs und Federn. Im Flug blickt er auf das Labyrinth zurück, das jene verwirrt, die noch in ihm gefangen sind.

In diesem Mythos überwindet Daedalus die Grenzen des Menschlichen und nähert sich den Göttern. Sein Sohn Ikarus aber fliegt zu hoch hinaus, seine Flügel schmelzen in der Sonne und er stürzt zu Tode. Daedalus überlebt und kehrt zur Erde zurück, weil er seine Lektion lernt, statt sich von der Offenbarung des Labyrinths blenden zu lassen. Dadurch, dass er die Architektur der Menschen versteht, versteht er auch die Architektur des Kosmos.

Ballspielplätze der Maya, Mittelamerika

Die Mayakultur stand bis zum 10. Jh. in Hochblüte. Mayastädte hatten wie andere mittelamerikanische Städte einen Ballspielplatz (*Tlatchtli*), einen Platz im Freien, bestimmt für die Aufführung eines kosmischen Mythos in Form eines Ballspiels. Dieses Spiel war eng verbunden mit dem bei mittelamerikanischen Völkern verbreiteten Glauben, dass die Opferung von Menschenherzen und -blut für die Fortdauer der Bewegung der Himmelskörper notwendig sei. Das Spiel war ein beliebter Sport, doch bei Zeremonien wurden Kriegsgefangene und fremde Könige gezwungen, es zu spielen. Verloren sie, wurden Sie enthauptet.

Zwei Teams spielten einen Ball aus Kautschuk vor und zurück, ohne dass er den Boden berührte. Die Regeln und die Anzahl der Spieler variierten, gewöhnlich war es aber nicht erlaubt, den Ball mit den Händen zu berühren; er musste vielmehr mit Brust, Hüften und Knien gespielt werden.

Ein Mythos der Maya besagt, dass Zwillinge, die besten Ballspieler der Welt, mit dem Aufspringen des Balls die Herren des Todes in Xibalba (Unterwelt) stören. Sie werden nach Xibalba gerufen, wo sie gegen diese spielen, verlieren und geopfert werden. Zum Leben zurückgekehrt, überlisten sie die Herren mithilfe einiger Prüfungen. Schließlich opfern sie die Herren selbst und steigen zum Himmel auf, wo sie als Sonne und Mond oder Morgen- und Abendstern für immer auf- und untergehen.

OBEN *Ein Relief an der Wand des Ballspielplatzes in Chichén Itzá. Der Ballspieler links wurde geköpft, aus seinem Torso spritzt Blut. Ähnliche Reliefs um den Platz herum stellen Krieger, Totenköpfe und Opfer dar. Die Köpfe der Spieler wurden den Göttern geopfert; manche Darstellugen lassen vermuten, dass sie auch als Bälle verwendet wurden.*

GROSSES BILD GEGENÜBER *Der Ballspielplatz von Copán hat leicht abfallende Seiten mit Markierungen mitten am Boden. Der quer verlaufende Bereich im Vordergrund ist der Torraum.* GEGENÜBER LINKS UNTEN *Der Ballspielplatz von Chichén Itzá ist der größte in Mitelamerika – fast 150 Meter lang. Die hohen, senkrechten Wände zeigen Einflüsse aus Mittelmexiko; die*

Spielregeln unterschieden sich vermutlich von denen in Copán. Riesige Steinringe (RECHTS), mit Zapfen in der Wand befestigt (Stein- oder Holzvorsprünge), befinden sich in der Mitte zwischen den beiden Mannschaften. Der Winkel des Rings ließ den Ball eher abprallen als durchgehen; sogar für die größten Spieler war es schwer, einzuwerfen.

Körper, Plan und Proportion

Bauwerke werden oft nicht nur als Reproduktion des Kosmos, sondern auch als solche des menschlichen Körpers angesehen. Diese Entsprechung kann sogar zum sakralen Charakter eines Gebäudes beitragen. Megalithgräber wurden oftmals in Form des menschlichen Körpers errichtet, ihr Innenraum glich einer Gebärmutter, aus der man die Wiedergeburt des Verstorbenen erwartete. Der

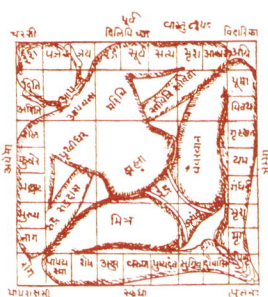

Die Vastupurusha-Mandala *an der Stelle eines künftigen Hindutempels beinhaltet den menschlichen Körper, Planeten und Götter und überträgt deren Formen auf den darauf gebauten Tempel.*

griechische Tempel von Delphi (siehe S. 142–143) wurde, so wie die Kaaba von Mekka (siehe S. 80 –81), Nabel der Welt genannt; der Phallus (*Lingam*) des Hindugottes Shiva steht in der Mitte jedes ihm geweihten Tempels. Bei den Dogon in Mali stellt der Plan eines Hauses einen beim Sexualakt auf der Seite liegenden Mann dar. Die Küche ist sein Kopf, der Hauptraum sein Bauch, die Mühlsteine seine Geschlechtsorgane.

Die Verbindung zwischen Bauwerk und Körper ist bei Religionen, die auf einer mythischen oder historischen Schlüsselgestalt basieren, besonders ausgeprägt. Christliche Kirchen stellen den Körper Christi dar, der die Inkarnation Gottes ist. Der kreuzförmige Grundriss vieler Kirchen symbolisiert den Leib Christi am Kreuz. Der Priester zelebriert die Messe beim Kopf, wo Blut und Leib Christi konsumiert werden.

Christus repräsentiert nicht nur Gott, sondern auch die Menschen: In byzantinischen Kirchen ist die Körpersymbolik daher allgemeiner. Das Schiff repräsentiert den Körper, der Altarraum die Seele, der Altar den Geist.

Eine ähnliche Symbolik herrscht im klassischen Hindutempel, der nach der *Vastupurusha-Mandala* erbaut ist, einem Diagramm von 64 oder 81 Quadraten, in dem Kopf, Körper und Beine des kosmischen Urmenschen (*Purusha*) eingezeichnet sind. Ein Ritual begleitet das Einpflanzen des „Samens" des künftigen Tempels in die Erde – in einen heiligen Bereich, der das Herz des fertigen Tempels bilden wird,

Fassade von Santa Maria Novella in Florenz, Italien, 15. Jh., nach einem Entwurf des Architekten Leon Battista Alberti. In Anlehnung an Vitruvius kombinierte Alberti auf der Suche nach Harmonie Geometrie und Musiktheorie.

das einer Gebärmutter ähnliche *Garbha-griha* (inneres Heiligtum). Eine andere Interpretation des Tempels sieht den Eingang als Mund, die Kuppel als Kopf, die Spitze der Kuppel als Fontanelle (den weichen Teil des Säuglingsschädels, der später zuwächst), das innere Heiligtum als Behälter der Seele. Die Reise in das Heiligtum führt also auch ins eigene Selbst.

Oft enthält ein sakrales Gebäude tatsächlich einen menschlichen Körper. Buddhistische *Stupas* umschließen eine Reliquie, meist einen Teil vom Körper Buddhas oder eines Heiligen. Ähnliche Reliquien liegen in vielen christlichen Kirchen, in denen Körperteile von Heiligen und Märtyrern in einen Altar eingeschlossen sind, umgeben von Gräbern verstorbener Gläubiger.

Die Geometrie der in der *Vastupurusha-Mandala* enthaltenen sakralen Architektur erscheint auch in anderen Traditionen. Im 1. Jh. v. Chr. entwickelte der römische Architekt Vitruvius eine auf den Proportionen des menschlichen Körpers beruhende architektonische Geometrie. Seine Ideen wurden im Italien des 15. und 16. Jh. wieder belebt, wo römische Überreste allgegenwärtig waren. Die Renaissancearchitekten studierten Vitruvius, um die römische Architektur zu verstehen und entwickelten daraus ihre Theorien von Arithmetik, Geometrie und Harmonie.

Dabei verwarfen sie die mittelalterliche gotische Tradition, die einen quadratischen Raster verwendet hatte, der über die Römer bis zum alten Ägypten zurückreichte. Ein spektakuläres Beispiel ist die Abteikirche von Cluny, Frankreich (1080) mit der modularen Einheit von fünf römischen Fuß, angeordnet nach mathematischen Gesetzen wie Platons Quadratreihe (1, 3, 9, 27 ...) und der pythagoräischen Reihe, welche als Grundstruktur des Kosmos, der Musik und der Schönheit galten.

LE CORBUSIER

Im 20. Jh entstanden neue Proportionssysteme. Der in der Schweiz geborene Architekt Le Corbusier (1887–1965) entwickelte den Modulor, ein modulares System standardisierter Einheiten mit Proportionsskalen auf Basis des menschlichen Körpers und des „Goldenen Schnitts" (einem Verhältnis zwischen zwei Dimensionen, bei dem sich die kleinere zur größeren so verhält, wie die größere zur Summe der beiden). Le Corbusier, wegen des Formalismus seiner Wohnblöcke heftig attackiert, verwirrte seine Kritiker mit der Wallfahrtskapelle von Notre-Dame-du-Haut in Ronchamp (1950).

Das Innere der Kirche ist eine Lichtstudie. Die dicken Wände sind in den Ecken von trichterförmigen Öffnungen mit farbigen Glasfenstern unterbrochen. Mit wechselnder Sonneneinstrahlung verändert sich der Raum. Das Dach hat die Gestalt eines riesigen Boots. Bei aller Formfreiheit ist die Kirche nach dem Modulor entworfen.

Le Corbusiers Kirche in Ronchamp, Frankreich. Ihre eigenwillige Gestalt verbirgt die strengen formalen Prinzipien des Entwurfs.

Sakrale und soziale Dimensionen

Religion umfasst nicht nur die Beziehung zwischen den Menschen und Gott, sondern auch die Beziehung der Menschen untereinander. Soziale Beziehungen folgen oft göttlichen Modellen, und sakrale Gebäude reflektieren den Unterschied zwischen Priestern und Laien, Männern und Frauen oder herrschenden und untergeordneten politischen Gruppen. Gebäude schaffen oder betonen häufig solche Unterscheidungen. Die Gesellschaftsstruktur beeinflusst die Struktur der sakralen Architektur. In der Art, wie sakrale Bauten konstruiert, verziert und verwendet werden, lehren und bekräftigen sie religiöses Verständnis und Glauben.

   Das Konzept des Sakralen ist nicht auf speziell entworfene Gebäude beschränkt. In vielen Gesellschaften sind auch Wohnhäuser als Zentrum des Familienlebens um den Herd herum heilig und Brennpunkt der Vermittlung heiliger Werte von Generation zu Generation. Viele Gesellschaften haben keine eigenen Tempel – ihre gesamte Architektur ist heilig und reflektiert die der Welt inhärente Heiligkeit.

Ein Kassena-Haus, Burkina Faso. In der Kassena-Gesellschaft wird das Bauen eines Hauses durch die vom „Erdpriester" vollzogenen Rituale der Grundsteinlegung geheiligt. Das Heim wird so zu einem sakralen Bereich für seine Bewohner. Von den Männern erbaut und den Frauen dekoriert, verbindet es männliche und weibliche Elemente.

Das heilige Heim

Wohnhäuser können durch rituelle Handlungen vorübergehend zu heiligen Orten werden, so wie jedes jüdische Heim am Sabbat. Dieses jüdische Manuskript aus dem 14. Jh. zeigt ein Paschamahl.

Wie sehr ein Heim als heilig angesehen wird, ist von Kultur zu Kultur sehr verschieden. Unsere säkulare westliche Gesellschaft tendiert dazu, das Sakrale auf Orte außerhalb des Heims und eine etablierte Priesterschaft zu beschränken: Religion umfasst nicht generell alle Lebensbereiche. In traditionellen Kulturen ist die Unterscheidung von säkular und sakral oft verschwommen oder gar nicht vorhanden. In allen Kulturen aber ist die Wohnstätte ein sichtbares Zeichen der Lebensart, und da diese oft als die „richtige" empfunden wird, verkörpert das Heim ethische Werte, die als heilig gelten.

Das Wohnhaus kann so Ideen Gestalt verleihen.

Es kann ein physisches Modell einer anderen Struktur wie etwa des menschlichen Körpers (siehe S. 36–37) oder des Kosmos sein (siehe S. 12–13). Manchmal ist das Haus nicht nur ein Abbild der Struktur einer Person oder eines Tiers, sondern *wird* während eines Rituals zu einem solchen Körper. Bei den Barasana-Indianern in Kolumbien ist das Langhaus die übliche Wohnstätte. Es hat ein Tor an jedem Ende, eines für die Männer, eines für die Frauen; ein zentraler Korridor verbindet die beiden. Jede Familie hat ihren Herd in den Ecken des Langhauses; gemeinsame Aktivitäten finden in der Mitte statt. Bei Ritualen aber, die mythische Wahrheiten verbreiten, wird das Haus als riesiger Vogel, genannt Dachvater, personifiziert. Die Palmblätter des Daches sind seine Federn. Sein Kopf befindet sich am männlichen Ende des Hauses, sein Anus am weiblichen; die Dachstreben sind sein Brustkorb. Die Hauptachse ist sein Verdauungstrakt, die beiden Tore sind die Körperöffnungen für Nahrungsaufnahme und Ausscheidung.

Das Gemälde eines Siouxdorfs von George Catlin, 19. Jh., zeigt die für die nordamerikanischen Plain-Indianer typischen Wohntipis. Darstellungen auf den Tipis hatten gewöhnlich sakrale Bedeutung. Manchmal waren sie, so wie hier, naturalistisch (Büffeljagd); man verwendete aber auch symbolische, geometrische Motive wie Kreise oder Kreuze.

Ein typisches Iglu der kanadischen Arktis mit aufrecht daneben steckenden traditionellen Schneeschuhen, bereit zum Gebrauch.

DAS IGLU

Das aus Eisblöcken geformte Iglu findet sich als temporärer Unterschlupf in einigen Regionen der kanadischen Arktis. Er stellt eine verbreitete Form des kreisförmigen, oft unterirdischen Inuit-Hauses dar, dessen enger Eingang Schutz vor dem Wetter bietet. In dieser Gesellschaft ohne eigener Tempel hat jeder Aspekt des Hauses sakrale Bedeutung. Für rituelle Zwecke wird das Iglu mit einer Gebärmutter, der Eingang mit der Vagina verglichen. Das Kuppeldach stellt den Himmel dar, das Eisfenster die Sonne, die Tür den Mond.

Varianten dieser Idee finden sich bei vielen Völkern von Brasilien und Mittelamerika bis Indonesien und dem Pazifik. Menschen bauen Häuser wie das Inuit-Iglu, um die Struktur des Kosmos nachzubilden. Durch einen rituellen Gebrauch der Häuser – wie etwa bei der Darstellung des Mythos vom Dachvater bei den Barasana – glauben die Menschen, den Kosmos günstig beeinflussen zu können.

In Südostasien gilt das Haus als „lebendig". Dies rührt zum Teil von der Gegenwart einer vitalen Kraft her, die alles durchflutet: Bäume haben ihre eigene wilde Kraft, die gezähmt werden muss, wenn sie zu Bauholz gemacht werden. Bei den Bugis in Indonesien hat jedes Haus seinen „Nabelpfosten", in dem die Lebensenergie konzentriert ist. Dieser Pfosten wird geschmückt, damit er „wie ein König" aussieht. Die Malayen handeln nach dem Prinzip „ein Haus,

ein Baum". Die neun Hauptpfosten eines Hauses kommen von einem einzigen Stamm und werden in der gleichen Reihenfolge errichtet, wie sie geschnitten wurden, um das „Leben" des Baums nicht zu vernichten. Die Lebendigkeit des Baums besteht im Haus weiter, und auch der rituelle Konstruktionsprozess überträgt Energie auf das Haus.

Vor diesem Hintergrund dienen Schnitzereien sowohl der Zierde als auch dem Schutz. In Südostasien ist das Haus zugleich Heim und magischer Schrein. Die Bewohner sind seine Seele; Struktur und Schnitzwerk dienen dem Schutz der Seele. Schnitzereien müssen aus fließenden Linien bestehen: Eine unterbrochene Linie bedeutet Unglück. Ein erzürntes Haus kann jemanden krank machen, mit Heilungszeremonien kann man es wieder versöhnen. Wenn ein Haus durch Feuer zerstört wird und „stirbt", hält man Trauerzeremonien ab.

Der heilige Versammlungsort

In vielen Gesellschaften ist ein Versammlungshaus ein einzigartiger Raum, der Gemeinschaft bildet und soziale Schranken überwindet. Es ist aber oft mehr als nur ein Platz für Versammlungen: Es kann für sakrale Zwecke erbaut sein und die Menschen drinnen gegenüber denen draußen spezifisch definieren. Das Haus wird somit zu einem Instrument der Schaffung von Tradition und Identität.

Bei den frühen Christen war das Gemeindehaus die Reaktion auf heidnische Tempel. In den ersten Jahrhunderten bauten die Christen keine Kirchen, sondern verwendeten bestehende säkulare Gebäude für ihre Treffen. Sie standen in Opposition zur vereinten Macht von Staat und Religion, durch die Kaiser und Götter Seite an Seite verehrt wurden. Ihre schlichten Gemeindehäuser waren Orte des Gebets und des Glaubens; die Katakomben, in denen sie ihre Toten bestatteten, waren als Versammlungsort für die Verstorbenen gedacht. Mit dem Wachsen der kirchlichen Hierarchie entwickelte sich eine eigene Architektur (siehe dazu S. 124–125), doch das Ideal einer in der Gemeinschaft der Gläubigen manifesten Spiritualität wurde ständig erneuert. Die Quäker halten seit dem 17. Jh. an diesem Ideal fest, ihre Versammlungshäuser sind oft einfach wirkende Gebäude.

Der Anthropologe Nicholas Thomas fand in Papua-Neuguinea Männerhäuser als Versammlungsorte; haupt-

sächlich dienen sie aber einem Ritual, bei dem die Jungen Fortpflanzung und Kreativität verstehen lernen. Das kultische Leben in Melanesien wird vom Geschlechterunterschied bestimmt; dem Männerhaus steht symbolisch das *Bilum* (Einkaufsnetz) gegenüber, das alles enthält, was das weibliche Leben ausmacht – von praktischen Dingen bis zu Amuletten. Die scharf geschnittenen phallischen Bilder männlicher Vorfahren im Versammlungshaus kontrastieren mit der sanften, runden Gestalt des gefüllten *Bilum*, Symbol für den Bauch einer Schwangeren. Einige Versammlungshäuser sind bis zu 30 Meter hoch. Ihre Konstruktion erfordert solches Geschick, dass man die Errichtung als Wunder betrachtet. Das Haus ist eine Art magischer Kunst, die es den Män-

Hotunui-Versammlungshaus, Neuseeland, mit Ahnenschnitzereien. Die Zungen strecken sich Außenseitern herausfordernd entgegen und verstärken das Identitätsgefühl der Maori.

Bororo-Dorf in Amazonien mit dem Versammlungshaus der Männer im Zentrum.

VERMITTLUNG IM SOZIALEN GEFÜGE

Das Männerversammlungshaus der Bororo in Amazonien ist auf neutralem Boden in der Dorfmitte errichtet. Bororo-Dörfer sind in zwei soziale Hälften unterteilt, getrennt durch eine Ost-West-Linie. Die Männer verbringen ihr Erwachsenenleben in den Häusern der Frauen auf „fremdem" Terrain (siehe S. 53). Das Versammlungshaus steht auf beiden Gebieten und dient als Vermittler. Es ist Schlafsaal der unverheirateten Männer und Freizeitort für die Verheirateten; hier werden Spiele und Rituale veranstaltet. Das Dorf ist Abbild der kosmischen Ordnung; das Männerhaus ist umgeben von einem Ring aus Wohnhäusern der einzelnen Totemclans. Alle Transaktionen – symbolisch und materiell – finden über das Versammlungshaus statt, das die sozialen Kategorien des Dorfkreises vereint.

nern erlaubt, ihre eigene Kreativität wahrzunehmen, die sie von der Fruchtbarkeit der Frauen unterscheidet. Versammlungshäuser enthalten sowohl weibliche als auch männliche Symbole, und die Betonung der Männlichkeit beruht auch auf der Nachahmung weiblicher Kreativität.

In Neuseeland erfuhr das im 19. Jh. entwickelte *Wharenui* (großes Haus) der Maori durch den britischen Kolonialismus großen Auftrieb. Mit seiner komplexen Ahnensymbolik gestattete es den Maori, ihre Identität in einer Zeit des Konflikts und Wechsels zu bewahren. Das Gebäude symbolisierte einen Ahnen, die Schnitzereien im Inneren stellten Helden mit Keulen, erigierten Phalli, bleckenden Zähnen und herausgestreckten Zungen dar. Das Versammlungshaus war eine Herausforderung für Fremde und Feinde und für die Männer eine Bestätigung der eigenen Identität.

UMSEITIG *Ein Versammlungshaus beim Fluss Sepik in Papua-Neuguinea. Durch Rituale, die das Leben eines Mannes begleiten, werden Männer befähigt, ihre Identität in der Gesellschaft zu behaupten.*

Priester und Geistliche

Vom inneren Heiligtum in Ägypten, das nur die Priestern betreten durften, zur offenen Halle der Moschee, wo der Imam das Gebet der Gläubigen leitet, sind Architektur und Rolle der Geistlichen eng miteinander verbunden.

Geistliche sind dem Göttlichen nahe; man glaubt sogar, dass sie das Reich der Götter betreten. In der byzantinischen Kirche steht der Altar hinter der Ikonostase (Bilderwand) in einem für die Gemeinde unzugänglichen Bereich. Es

Mönche im Kloster Eihei-ji in Japan. Die Architektur des Klosters reflektiert den Ethos des Zen-Buddhismus in Ausstattung und Funktionalität. Die fischförmige Kreatur, die von der Decke hängt, ist eine Trommel, die die Mönche zu ihren Pflichten ruft.

heißt, dass der Priester zu einem Engel wird, wenn er durch diese Wand mit Abbildungen des Himmels geht.

Architektur muss aber auch für die Bedürfnisse der Priester als einfache Sterbliche sorgen. Familien- und Gemeinschaftsleben – oder deren Fehlen – haben direkten Einfluss auf die Architektur. Imams, Rabbiner, protestantische und orthodoxe Priester heiraten und leben in separaten Häusern.

Das Zölibatsgebot für Priester, Mönche und Nonnen in bestimmten Religionen führte zu anderen baulichen Anforderungen. Dieses wirkt sich auch auf ihre Beziehung zur weltlichen Gewalt aus. Jainistische Mönche und Nonnen leben von Almosen und Spenden und haben wenig oder kein Eigentum. In der Regenzeit ziehen sie nicht weiter im Land herum, sondern lassen sich in Nebenräumen der Tempel nieder. Sie beten nicht in den inneren Räumen, da sie keine Laien mehr sind, doch sie predigen täglich vor einer großen Zuhörerschaft in der Halle des Tempels.

In Tibet und im mittelalterlichen Westeuropa bauten buddhistische und katholische Orden Klöster, die als große Wirtschaftsunternehmen mit der Macht von Kaisern und Königen rivalisierten. Die Regel des Heiligen Benedikt besagt, dass ein Kloster „Wasser, Mühlen, Gärten und Werkstätten" umfassen soll. Viele Benediktinerklöster waren kleinen Städten mit Kirche und Kapitelsaal, eigener Bäckerei, Krankenhaus, Bauernhöfen und Werkstätten sehr ähnlich.

Während viele griechisch-orthodoxe Mönchsgemeinschaften wie jene am Berg Athos (siehe S. 59) an vertrauten, kaum veränderten Architekturformen festhielten, wurden die Mönchsorden in Westeuropa führend in der Entwicklung von Baustilen – von der Romanik der Zisterzienser und Kluniazenser bis zur

Gotik der Franziskaner und Dominikaner. Während viele griechische Klöster frühe Formen des Klosterlebens beibehielten, bei denen die Mönche im Refektorium zusammenkamen, aßen und sich wieder in ihre Zellen zurückzogen, lasen, beteten, aßen und schliefen Benediktinermönche gemeinsam. Sie bewegten sich nach strengen Regeln, und manchmal wurden sogar die Grundrisse und Proportionen von Pfaden und Kreuzgängen nach der Länge von Gebeten angelegt. Die monastischen Regeln verlangten nach einer ständigen Verbesserung der Gebäude, denn ein perfektes Mönchsleben war nur in einem perfekten Kloster möglich. Form und Zweck waren eng miteinander verbunden, und die bedeutendsten mittelalterlichen Äbte waren zugleich auch oft die Architekten und Planer ihrer Gebäude.

LEBENDE SCHREINE

In vielen Teilen der Welt können Menschen von Geistern oder Göttern besessen sein und so selbst zu Schreinen werden. Man sagt, dass Geister in einem Besessenen wohnen wie in einem Gebäude.

Manche Traditionen eignen sich Symbole neuer fremder Mächte an, die oft als Geister gelten. Diese werden in Skulpturen oder anderen „Fetischen" dargestellt, in denen die Geister aufgenommen und besänftigt werden können. Schamanen oder Priester werden selbst zeitweilig zu Schreinen, wenn der Geist eintritt: Sie platzieren den Geist daraufhin im realen Schrein. Die Fante in Ghana haben sehr kunstvolle Bilderschreine, die Gegenstand des Wettstreits rivalisierender (militärisch-sozialer) *Asafo-Gruppen* sind. Neben traditionellen Symbolen umfassen diese Schreine auch europäische Bilder wie Nixen, Uhren, Maschinengewehre und Schlachtschiffe.

Asafo-*Schrein der Fante in Anomabu, Ghana, 1952.*

Lehre des Glaubens

Lange Zeit war Lehre untrennbar mit Religion verbunden; die wichtigsten Lektionen betrafen den Sinn des Lebens und das Schicksal der Seele. Schulen waren mit dem Tempel, der Moschee, Synagoge oder Kirche verbunden. Ihre Hauptaufgabe war die Ausbildung einer neuen Generation von Priestern und Mönchen, die die Laien im Glauben unterrichten sollten.

Architektur kann der Verherrlichung des geschriebenen Wortes dienen – zum Beispiel der Thoraschrein mit den Schriftrollen. Der Großteil der Bevölkerung konnte aber oft nicht lesen, daher wurden in manchen Traditionen die Bauwerke selbst zu großen Lehrsystemen mit Bildern, die sowohl von Gebildeten als auch von Ungebildeten verstanden wurden. Wie die mündliche und schriftliche Lehre, die sie illustrieren, beruhen solche Bilder auf einem Repertoire konventioneller Zeichen und Symbole: Sankt Petrus hält den Schlüssel zur Himmelstür, die Geste Buddhas ruft die Erde als Zeuge seines Siegs über Mara, den Dämonen der Unwissenheit.

Die Innenwände eines Thai-Tempels sind mit Bildern der Jataka-Legende bemalt, die die früheren Leben Buddhas beschreibt. Komplexe Theorien von Leiden und Wiedergeburt werden für leseunkundige Laien mit vertrauten Bildern ohne Worte dargestellt. Bilder werden an geeigneten Stellen platziert, passend zu den Handlungen der Gläubigen, die sie betrachten. Die Westwand wird mit dem Tod assoziiert. Hier findet man hinter den Hauptstatuen Buddhas Mahnungen an die Sterblichkeit in Bildern der 31 Ebenen der Seinszustände, von der untersten Hölle über die menschliche Welt zum Himmel. An den Nord- und Südwänden sitzen Reihen von *Devata* (Gottheiten) und gütigen Dämonen in der gleichen devoten Position wie die versammelten Menschen. Wenn die Gläubigen den Tempel durch das Tor in der Ostwand verlassen, blicken sie auf ein Gemälde der Erleuchtung Buddhas als Erinnerung an den Weg, den sie draußen gehen sollen.

Die Wände des buddhistischen Tempels Buddhapadipa in London, England. Die Wandgemälde enthalten Szenen aus dem Leben Buddhas – ein Beispiel für bildhafte Erzählungen.

KALLIGRAPHIE

Die arabische Kalligraphie ist die höchste der islamischen Künste. Es heißt, dass ein guter Kalligraph ins Paradies kommt. Im Gegensatz zur oralen Poesie der präislamischen Kultur erforderte der Islam seit dem 7. Jh. die genaue Aufzeichnung und Weitergabe der Worte Allahs. Da der Islam auch figurale Darstellungen ablehnte, legte man viel Wert auf die Entwicklung der Schrift als eigene Kunstform. In der Architektur ist das Grundmotiv die Wiederholung des Namens Allahs, obwohl Darstellungen auch den Namen des Propheten Mohammed und Verse des Korans wiedergeben. Form und Bedeutung der Schriftzeichen sind untrennbar. Die Schrift kann vielschichtige mythische Bedeutung haben.

Kuppel der Blauen Moschee in Istanbul. Durch die Kalligraphie wird der Bau zum Medium der Lehre von Gottes Vollkommenheit.

In Moscheen verhindert der Verzicht auf die Darstellung menschlicher Figuren eine Glaubensvermittlung durch Bilder; die Vollkommenheit Allahs wird durch geometrische Muster gelehrt. Andere Traditionen verbinden Geometrie mit Bildern und schaffen ein komplexes Netz von Bedeutungen. Mittelalterliche Kathedralen in Europa waren kunstvolle Enzyklopädien aus Stein und buntem Glas mit Darstellungen der zwölf Apostel, zwölf Monate und zwölf Sternzeichen; der vier Elemente, der vier Flüsse im Paradies, der acht Winde und der vier Kardinaltugenden – all dies zu didaktischen Zwecken. Das Königsportal der Kathedrale von Chartres (1194–1260) war mit Skulpturen der sieben freien Künste Arithmetik, Geometrie, Astronomie, Musik, Grammatik, Rhetorik und Dialektik geschmückt. Die spektakuläre, stark formalisierte Fensterrosette zeigt, wie die Seelen der Verdammten zur Hölle fahren, und die der Erlösten zum Himmel geführt werden.

CHINESISCHE KRIEGSKÜNSTE

Viele der als Kung-Fu bekannten Kriegskünste entstanden im Shaolin-Kloster (495 n. Chr) in China. Der Boden der Halle war mit Quadraten gezeichnet, jedes mit speziellen Körperhaltungen verbunden und benannt nach Tieren und Vögeln. Der durch zunehmend heiliger werdende Bereiche schreitende Schüler erhielt erst als Meister Zugang zum gesamten Raum. Architektur trat so als physische Disziplin auf, die für eine spirituelle Disziplin stand.

Buntes Glas

Das Ostfenster der Kapelle im King's College, Cambridge, England, 16. Jh. Die Kapelle umfasst 26 Farbglasfenste; zwei Drittel aller Wände bestehen aus Glas.

Glas wurde um das 3. Jahrtausend v. Chr. erfunden. Im alten Ägypten wurde es ab ca. 1075 v. Chr. verwendet. Farbglas in der Architektur ist jedoch primär ein westliches Phänomen. Von den Syrern entwickelte Techniken der Glaserzeugung und Einfärbung durch Zufügen von Metalloxyden verbreiteten sich in Westeuropa zwischen dem 7. und 12. Jh. und wurden dort zum Merkmal der christlichen Architektur.

Farbglas erhält seine Farbe durch das durchscheinende Licht und nicht so sehr durch das darauf scheinende. So ändern sich die Farben mit wechselnden Lichtverhältnissen ständig. Ein Farbglasfenster besteht ebenso wie ein Mosaik aus im Ganzen gefärbten Glasstücken. Die Bleistreifen, die sie verbinden, sind fester Bestandteil des Bildes. Als spirituelle Ausdrucksmittel verbinden Farbglasfenster bildliche Erzählungen mit einem hoch entwickelten Spiel von Farbe und Licht, wodurch die Gefühle des Betrachters beeinflusst werden. In den gotischen Kirchen und Kathedralen des 12. und 13. Jh. wurde dieses Medium perfektioniert. Maßwerk (ornamentale Steinmuster) und Strebebögen erlaubten Wandkonstruktionen fast ganz aus Glas.

Wie die gesamte religiöse Kunst hatten auch Farbglasfenster die Aufgabe, durch ihren Inhalt und die Verwendung leicht verständlicher Bilder zu belehren. Die Themen umfassten Szenen aus dem Leben Christi, der Heiligen und der Jungfrau Maria sowie Darstellungen der Laster und Tugenden. Charakteristisch war die Gegenüberstellung von Szenen aus dem Alten und Neuen Testament, genannt Typus und Antitypus. Der Typus (Altes Testament) war als Vorwegnahme des Antitypus gedacht und entsprach damit der mittelalterlichen Vorstellung, dass biblische Ereignisse vorherbestimmt waren. Dass Jonas aus dem Bauch des Wals enkam, hielt man für eine Ankündigung der Auferstehung Christi. Solche Szenen aus der *Biblia Pauperum* (Bibel der Armen) waren visuelle Lehrmittel, die komplexe theologische Inhalte mit Hilfe von Allegorien so ausdrückten, dass alle Menschen sie verstehen konnten.

OBEN LINKS *Detail aus der Anbetung der Könige auf einem Fenster des 16. Jh. in der Kapelle des King's College, Cambridge,England.*
OBEN RECHTS *Medaillon des Fensters der Wunder der Heiligen Jungfrau, Kathedrale von Chartres, Frankreich, 13. Jh.*
UNTEN LINKS *Eine Tafel des Westfensters der Canterbury Cathedral, England, 12. Jh. Es zeigt Adam nach der Vertreibung aus dem Paradies.*
UNTEN RECHTS *Farbglas wurde auch in Synagogen verwendet. Das Fenster der Hauptsynagoge von London, England, zeigt den Tisch des Paschafests (jüdisches Osterfest).*

Raum und Geschlecht

Der Hawa Mahal oder Palast der Winde in Jaipur, Indien, umfasst fünf Geschosse mit gitterartigen Fenstern, durch die die isoliert lebenden Palastdamen hinaussahen, ohne selbst gesehen zu werden.

In der sakralen Architektur findet man oft getrennte Bereiche für Männer und Frauen. Manchmal ist das nur einer von vielen sozialen Unterschieden. In anglikanischen Kirchen in Nordindien sitzen Frauen auf einer Seite des Kirchenschiffs, Männer auf der anderen; Angehörige niederer Kasten bekommen die hinteren Plätze. Geschlechterunterschiede können auch die Rollen in der Religion selbst bestimmen. Bei den orthodoxen Juden haben die Frauen eine eigene Galerie in der Synagoge – ein Ausdruck der Idee, dass Männer die rituelle Tradition aufrechterhalten, Frauen hingegen den Fortbestand der Nation zu sichern haben. Obwohl der Prophet Mohammed erklärt hatte, dass Frauen und Männer vor Gott gleich seien, galten im Islam seit dem Mittelalter Frauen als unrein und mussten in der Moschee hinter den Männern in eigenen Reihen stehen. Noch heute beten Frauen in einem von den Männern getrennten Bereich. In einigen christlichen Konfessionen stehen eine egalitärere Raumaufteilung und weibliche Priester dem patriarchalischen Bild von Gottvater und dem erhöhten Raum für männliche Priester gegenüber.

Auch in der häuslichen Architektur werden Geschlechterunterschiede sichtbar. Bei den Kasachen in Xinjiang, China, ist die Jurte (Wohnzelt) in einen Männer- und Frauenraum geteilt; wenn eine Frau einen Gegenstand aus dem

Männerbereich braucht, bittet sie ein Kind, ihn zu holen. Da die Jurte ein einziger offener Raum ist, zeigen sich die Geschlechterunterschiede in Gesten, Haltungen und räumlicher Beziehung. Bei einigen Hindu- und Moslemkulturen hingegen sind die Frauenunterkünfte gebaute Strukturen. Frauen sind in einem eigenen Teil des Hauses, der Zenana untergebracht, einer eigenen Welt. Sie sind aber nicht völlig isoliert: Gitter und winzige Fenster erlauben den Frauen zu sehen, ohne gesehen zu werden – die bauliche Analogie zum Schleier.

Nicht immer ist es der Frauenbereich, der vom männlichen oder allgemeinen Raum abgetrennt ist. Bei den Bororo in Amazonien bewohnen und erben die Frauen jene Häuser, in denen sie geboren wurden. Die Bororo-Gesellschaft besteht aus zwei Hälften, und der Ehepartner muss immer aus der anderen Gruppe stammen. Die Männer ziehen zu ihren Frauen und überschreiten dabei die gedachte Linie, die die beiden Hälften der Menschheit trennt (siehe auch S. 43).

Auch Strukturen selbst können geschlechtsbezogen sein. Tamilenhäuser in Südindien gleichen dem „lebenden Haus" in Südostasien (siehe S. 41): Das Einpflanzen des männlichen Eckpfostens in die weibliche Erde gilt als Symbol für Empfängnis.

Die Lichtwand neben dem Herd in einem Kabylen-Haus bei Tizi Ouzou, Algerien. Der aufrecht stehende Pfosten gehört zum Webstuhl.

GESCHLECHT UND LICHT

Berberhäuser in Nordafrika verbinden die mit Licht assoziierte Symbolik mit den typischen Aktivitäten der Geschlechter. Das einfache Rechteckhaus der Kabylen vereint mehrere komplexe, miteinander verknüpfte Vorstellungen des Sakralen. Das männliche Haupttor befindet sich in der langen Ostwand, gegenüber in der Westwand liegt das kleinere weibliche Tor. An dieser, von der durch das männliche Tor scheinenden Sonne beleuchteten Wand, der „Lichtwand", mahlen die Frauen das Korn und verrichten Webarbeiten. Die Bereiche des Dunkels sind weiblich und mit *Haram* (Tabu), mit Animalität und Natur (am dunklen Ende des Hauses liegt der Stall), Sexualität, Geburt und Tod assoziiert. Lichtzonen sind der männlich-kreative Bereich des Hauses.

Für die Berber sind die Männer das Licht der öffentlichen Außenwelt, Frauen das Licht des Inneren. Männer sollen die häuslich-kreativen Tätigkeiten der Frauen schützen, das Haus bei Tagesanbruch aber verlassen. Ein Mann, der zu Hause bleibt, wird verachtet. Die Bestimmung der Frauen ist, im Haus versteckt zu arbeiten. „Eine Frau hat nur zwei Bleiben, ihr Haus und ihr Grab", sagt man in der Kabylei.

Architektur und Macht

Kaiser Konstantin christianisierte das römische Reich. Der Konstantinbogen (315 n. Chr.) in Rom verherrlicht seinen Sieg über Maxentius „durch den Willen der Gottheit" – ein zweideutiger, für Heiden und Christen akzeptabler Begriff.

Architektur, verbunden mit mächtigen Herrschern, vermittelt oft den Eindruck des Sakralen. Dafür gibt es viele Gründe. Politische und religiöse Herrschaft können eine unauflösliche Einheit bilden; so geschehen in vielen frühen Reichen – in China etwa galt der Kaiser als Sohn des Himmels. Auch dort, wo Kirche und Staat getrennt sind, kann die Religion mächtig bleiben, wie im Fall des römisch-katholischen Europas. Andererseits kann eine weltliche Regierung versuchen, durch Sakralisieren ihrer Monumente Ehrfurcht zu erwecken, wie dies die Vereinigten Staaten im 20. Jahrhundert anstrebten. In manchen Fällen will eine atheistische Macht durch die Form ihrer säkularen Bauten, etwa Ministerien oder Universitäten, mit den religiösen Bauwerken einer älteren Ordnung konkurrieren. In der Sowjetunion nahmen die Türme der stalinistischen Staatsarchitektur den Stellenwert der Kirchen in der Moskauer Skyline ein.

Regierungsgebäude sind Symbole des Staates. Sie können als heilig gelten, wenn der Staat sich selbst so sieht. Dieses „Heilige" kann offen in religiöser Form auftreten, (beim Heian-Schrein der japanischen Kaiser), oder durch Tabus (in der Sowjetzeit war der Kreml eine verbotene Zone) oder durch beides gemeinsam (die Verbotene Stadt der chinesischen Kaiser in Peking).

Der Architekturhistoriker Lawrence Vale beschreibt, wie das Lincoln Memorial in Washington D.C. Heiligkeit und Macht demonstriert. Architektonisch bildet es einen dramatischen Höhepunkt der Washington Mall. Das Denkmal mit der sechs Meter hohen Statue in klassischem Säulenstil erinnert an einen griechischen Tempel. Dieser Eindruck wird durch eine Inschrift an der Wand noch verstärkt: *In diesem Tempel und in den Herzen der Menschen, für die er die Union rettete, ist die Erinnerung an Abraham Lincoln für immer bewahrt.* Die offene Seite, umgeben von einer kreisförmigen Rasenfläche, lädt zum Betreten ein. Inschriften beziehen sich auf nationale Einheit, Bürgerrechte und Rassengleichheit, für die Lincoln steht. Zusammen bilden sie das nordamerikanische Konzept von Macht.

Militärische Macht wird seit den Römern durch Triumphzüge und Prozessionsstraßen demonstriert. Ein berühmtes Beispiel dafür ist die Königsachse vom Louvre zum Arc de Triomphe in Paris,

UMSEITIG *Der riesige Potala Palast türmt sich über Lhasa, Tibet. Als Festung, Palast und Kloster war er Residenz des Dalai Lama, Oberhaupt des tibetischen Buddhismus und früheres Staatsoberhaupt Tibets. Das Gebäude demonstriert weltliche und spirituelle Macht.*

deren Bedeutung sich im Lauf der Geschichte änderte. Im zweiten Weltkrieg wurde sie zum Ort der Demütigung der Franzosen – die Nazis wiederholten in einem täglichen Ritual ihren Siegeszug von 1940 über die Champs Elysées. 1944 kehrte General de Gaulle im Triumph zurück. Heute verbindet sich auf der ehemaligen Zeremonienstraße der französischen Könige hohe Kunst und fortgeschrittener Kapitalismus. Der Louvre wurde mit der Glaspyramide des Architekten I.M. Pei weiterentwickelt, und die Achse wurde jenseits des Arc de Triomphe zu den Bürohochhäusern von La Défense bis zur Grande Arc erweitert.

MONUMENTALE BOTSCHAFTEN

Das Leninmausoleum (erbaut 1924–30) auf dem Roten Platz in Moskau demonstriert durch die Art, wie es verwendet wurde, die Machtstruktur in der Sowjetunion. An nationalen Feiertagen standen Parteifunktionäre und Generäle dicht gedrängt auf der obersten Plattform. Bei gewöhnlichen Anlässen bewegte sich eine lange Schlange „arbeitender Massen" zum engen Eingang, wo Soldaten sie an Lenins einbalsamiertem Körper vorbeischleusten.

Lawrence Vale stellte fest, dass die Verbindung von Architektur und Macht fast immer außergewöhnliche Botschaften hervorbrachte. Gebäude bedeutender Institutionen werden unbewusst als Ausdruck von Stabilität, Vertrauen und Ordnung konzipiert. Doch diese Bauten können auch bedrohlich wirken: Ihre Größe kann die Bürger an die eigene Machtlosigkeit erinnern. Botschaften staatlicher Stabilität verbinden sich mit dunkleren und autori-

Die Menschenschlange vor dem Leninmausoleum wartet auf Einlass.

täreren. Sogar in Zeiten des Wandels kann Architektur zur Betonung der Macht eingesetzt werden, da Bauten meist über längere Zeit als politische Reputation bestehen. 1961, nach Stalins Ächtung, wurde sein Körper aus dem Leninmausoleum entfernt, es konnte so Symbol der sowjetischen Staatsmacht bleiben.

Rückzug und Isolation

Viele Religionen betonen die Spiritualität und legen großen Wert auf die Kontemplation des Jenseits. Dies geht zu Lasten des Fleisches und der materiellen Substanz dieser Welt. In der Architektur hat dies widersprüchliche Konsequenzen. Der Rückzug der Eremiten und Mönche aus dieser Welt sollte eigentlich völliges Desinteresse an der Architektur bedingen. Doch Klöster können sehr große Institutionen und Zentren von Macht und Reichtum sein, was sich in ihrer prächtigen Architektur zeigt.

Die Klause eines Eremiten ist oft noch einfacher als die Hütten der Ärmsten – der griechische Philosoph Diogenes lebte in einem Fass, christliche, buddhistische und hinduistische Einsiedler leben seit Jahrtausenden in Höhlen. Diese Isolation kann mit der Erhebung zu Gott verbunden sein. Sankt Simon Stylites verbrachte den größten Teil seines Lebens auf einer Säule mit einer kleinen Plattform, auf der er schlafen konnte. Im frühchristlichen Britannien wurden Eremitenzellen und Kapellen auf unwirtlichen Inseln im Meer erbaut.

In vielen Kulturen, von den amerikanischen Ureinwohnern über Ostafrika bis Neuguinea, kommt vielfach eine vorübergehende Isolation von Menschen vor. Jugendliche werden einzeln oder in Gruppen in speziellen Hütten isoliert, um über spirituelle Wahrheiten nachzudenken. Normale Häuser sind oft in Bereiche für Männer, Frauen, Alte und Junge unterteilt, die einfache Struktur der Initiationshütte reflektiert die Beseitigung des früheren sozialen Status. Da die Initianden zu einer neuen sozialen Einheit werden sollen, gleicht die Hütte oft einer Gebärmutter, aus der sie als Erwachsene wieder geboren werden.

Diese buddhistischen Eremitenhöhlen in Afghanistan sind in den Felsen gehauen und werden von einer Buddhastatue bewacht.

In Teilen Südindiens und Amazoniens werden Mädchen während ihrer ersten Menstruation eingeschlossen. Bei den Dyak in Borneo werden sie ein Jahr lang in einer weißen Hütte isoliert; sie kleiden sich weiß und essen weiße Speisen.

Als lebenslange Berufung ist das Mönchstum im Buddhismus und Christentum besonders hoch entwickelt. Frauen und Männer entsagen einem Leben mit Sexualität, Familie und weltlichen Dingen, um für eine Welt zu beten, die das nicht für sich selbst tut. In beiden Religionen ist das mit einer Theologie verbunden, in der Erlösung oder *Nirwana* durch die Zerstreuungen der materiellen Welt behindert wird. Frühe Klöster wurden zu den bedeutendsten sozialen Institutionen ihrer Gesellschaft. Das buddhistische Kloster war Rückzugsort für das Gebet und wurde zum Zentrum des Studiums. In Tibet wurden diese Klöster Landeigentümer und so zu wirtschaftlichen und administrativen Zentren, ebenso wie christliche Klöster im mittelalterlichen Europa.

DER BERG ATHOS

Das erste Kloster am Berg Athos im nördlichen Griechenland wurde 961 erbaut. Im 14. Jh. gab es bereits etwa 40 Klöster, 20 davon sind heute noch von orthodoxen Mönchen bewohnt. Frauen dürfen die Halbinsel nicht betreten – sie gilt als Territorium der Jungfrau Maria.

Die Klöster wurden als Festungen erbaut, mit massiven Holztoren, die bei Sonnenuntergang geschlossen werden. Im Inneren befinden sich weitläufige Höfe, jeder mit einer eigenen Kirche. In zönobitischen Klöstern (mit Gemeinschaftsleben) händigen die Mönche ihr ganzes Eigentum aus und essen im gemeinsamen Speisesaal. In einem idiorhythmischen Kloster behalten sie ihren Besitz; die Bauweise erlaubt es ihnen, eigenständig zu leben.

Außerhalb der Klöster befinden sich *Sketes* und *Kellia* – kleine Hütten für zwei oder drei Mönche, darunter die Zellen der strengen Eremiten, die alle außerhalb der Klöster leben. Die Behausung eines Eremiten kann ein Vorsprung oder Loch in der Felswand sein. Andere Mönche versorgen sie über einen Korb mit Essen, sehen sie aber nie und sprechen auch nie mit ihnen.

Das Kloster Simonas Petras: Die typischen Holzbalkone der Unterkünfte ragen hoch über die Befestigungsmauern auf.

Eine Karte des Berg Athos aus den 60er-Jahren des 20. Jh. Das Gebiet heißt auch Aghios Oros *– der Heilige Berg. Die Einsiedlerzellen liegen hauptsächlich an den steilen Klippen der Südostküste.*

Ritual und Zeremonie

Sakralbauten treten mit den Gläubigen durch rituelle Akte in Beziehung. Weihe- und Reinigungsriten machen das Bauwerk zu einem Treffpunkt von Menschen und Göttern. In diesem Raum findet die Begegnung meist im zentralen Geschehen des Opfers (wörtlich oder symbolisch) statt, das um andere Handlungen, wie etwa Gebete und Tänze, erweitert wird. Diesem menschlichen Tun entsprechen wiederum Taten der Götter, die den Gläubigen ihre Gunst gewähren und sie in dem Gebäude segnen. Diese doppelte Kommunikation verstärkt die sakrale Kraft einer Stätte und macht sie zuweilen zu einem Magneten für Pilger, die oft gewaltige Kosten und Mühen auf sich nehmen und herbeikommen, um an diesem bewährten Tor zu den Göttern eine Veränderung ihres Lebens zu erbitten.

Das alljährlich stattfindende Fest Pooram wird in der Stadt Trichur, Gebiet Kerala, Südindien, im April oder Mai abgehalten. Es findet zu Ehren der beiden Hauptgöttinen der Stadt statt. Die Hauptgottheit jedes der beiden Tempel (Thiruvambady und Parammekkavu) wird vom mittleren einer Gruppe von fünfzehn Elefanten getragen, die reich geschmückt sind und Zeremonienschirme tragen. Am Abend stellen sich die Parammekkavu-Elefanten in einer Reihe vor dem berühmtesten Tempel in Trichur auf, dem Shiva geweihten Vadakkumnathan. Tausende Gläubige kommen nach Trichur, um das Fest zu feiern, zu dem Prozessionen rund um den Tempel und ein prächtiges Feuerwerk gehören.

Weihe und Reinigung

Die Weihe eines Gebäudes ist der kreative oder rituelle Akt, der aus einer rein materiellen Struktur eine funktionierende Verbindung mit Gott macht.

Der Weiheritus wiederholt symbolisch die Schaffung der Welt, wie man dies bei vielen Kulturen seit den alten Sumerern beobachten kann; er kann aber auch eine Art von Besitzergreifung sein. Dies ist bei der Weihe einer römisch-katholischen Kirche der Fall – jede Phase der Zeremonie entfernt das Gebäude weiter von der säkularen Welt und bringt es dem Reich Christi näher. Der Bischof schreitet drei mal um die Kirche, steht an der Schwelle und macht das Kreuzzeichen; nachdem er eingetreten ist, bannt er das Böse mit Weihwasser und segnet das Bauwerk. Zuletzt wird die Reliquie des Heiligen, dem die Kirche gewidmet ist, im Altar platziert, womit eine direkte historische und spirituelle Verbindung zu Christus hergestellt ist.

In Hindutempeln sind die physischen Gefäße der spirituellen Macht nicht Reliquien, sondern Bilder oder Statuen, die so behandelt werden, als ob sie Götter wären. Bilder müssen ebenso geweiht werden wie Gebäude, damit aus einem handgefertigten Produkt göttliche Realität wird. Hindustatuen werden durch Gebet, Opfer und Besprengen mit Wasser geweiht. In Sri Lanka und Thailand werden Buddhastatuen durch das Bemalen der Augen konsekriert. Da in jenem Augenblick der Geist eintritt, verwendet der Maler einen Spiegel, um sich nicht dem gefährlichen direkten Blick des Geistes auszusetzen.

Oft werden während des Bauens Tieropfer dargebracht. In der Region Yoruba in Westafrika wird vor der Errichtung des zentralen Hauspfostens ein Tier rituell geschlachtet, sein Blut um den Platz verteilt und sein Körper ins Pfostenloch gelegt. Dadurch wird das Fundament geweiht, die Gunst der Geister beschworen und böse Mächte vertrieben.

Ein einmal geweihtes Gebäude muss vor Verunreinigung geschützt werden. Dies geschieht durch regelmäßige Reinigungsriten. Manche mittelamerikanische Tempel wurden alle 52 Jahre, nach

Der Hogan, die traditionelle Wohnstätte der Navajos, ist Zentrum des familiären und religiösen Lebens. Hogans werden meist mehrmals im Jahr mit dem Segengesang geweiht (siehe S. 134). Der Gesang bezieht sich auf die ersten von den Göttern erbauten Hogans und betont die sakrale Bedeutung des Gebäudes.

Ein koptischer Priester mit dem Weihrauchfass in der Grabeskirche in Jerusalem.

WEIHRAUCH

In vielen Kulturen werden Tempel und Häuser durch das Verbrennen duftender Kräuter gereinigt – dies soll den Göttern gefallen und Dämonen vertreiben. Echter „Weihrauch" wird aus dem Harz des *Boswellia* oder Weihrauchbaums gewonnen und wurde schon von Griechen, Römern und Juden verwendet. Frühe Christen verurteilten diesen heidnischen Brauch. Während der römischen Christenverfolgung wurde den Christen befohlen, Weihrauch als Loyalitätsbeweis vor einer Kaiserstatue zu verbrennen. Viele, die sich weigerten, wurden zu Märtyrern. Seit dem 5. Jh. wird Weihrauch in der Kirche verwendet und spielt in den nichtprotestantischen Konfessionen eine große Rolle.

Ablauf einer Kalenderperiode, neu errichtet. Viele Hindutempel werden jährlich gereinigt und neu geweiht.

Solche Riten finden zum Teil auch in der täglichen Verehrung ihren Niederschlag. Gläubige sollten beim Betreten heiliger Orte geistig und körperlich rein sein – Moscheen und Schintoschreine haben zum Beispiel eigene Bereiche für Waschungen. Die Reinheit des Schintoschreins wird außerdem durch drei Brücken über drei Wasserläufe gewahrt, über die die Gläubigen schreiten.

Die Weihe kann rückgängig gemacht und aufgehoben werden. Eroberer ent-
weihen die Tempel ihrer Feinde durch unreine Handlungen. Überflüssige Kirchen werden säkularisiert, bevor sie weltlicher Nutzung übergeben werden; vielleicht wurden die großen Tempel in Teotihuacan, Mexiko, gar durch Niederbrennen säkularisiert (siehe S. 114).

Weihe und Reinigung lassen die Analogie zwischen Bauwerk und menschlichem Körper zu Tage treten (siehe S. 36–37). Die Weihe eines Priesters ist der eines Bauwerks ähnlich, und in der monastischen Tradition werden die Weihe einer Person und die Erhaltung der Reinheit zu einer Lebensweise.

Opfer und Opfergaben

Ein Opfer ist ein religiöses Ritual, bei dem einer Gottheit ein Objekt oder ein Leben geopfert wird, um die gewünschte Beziehung zwischen den Menschen und der heiligen Ordnung herzustellen. Opfer finden sich seit den frühesten Formen der Verehrung in allen Teilen der Welt. Viele unblutige symbolische Rituale beziehen sich auf ein blutiges archetypisches Opfer – das Darbringen einer physischen Opfergabe im Gegenzug zu Leben erhaltendem Segen. So wie die Opferung selbst ein komplexes Phänomen ist, nimmt auch die damit verbundene Architektur viele Formen an.

In manchen Kulturen, die keine eigenen Tempel kennen, werden Opferungen in jedem Haus durchgeführt. In Westafrika kann im Hof jeder Familie ein Altar, manchmal in Kuppelform, errichtet werden, der mit dem Blut der den Ahnen geopferten Hühner besprengt wird. Diese Altäre sind ein Bezugspunkt zu den Ahnen und haben die gleiche Funktion wie anderswo Tempel oder Kirchen.

Diese grundlegende Ähnlichkeit wird nicht immer geschätzt, wenn Religionen miteinander in Kontakt kommen. Als die katholischen Spanier im 16. Jh. Mexiko eroberten, trafen sie auf die mächtige Aztekenkultur mit umfangreichen Menschenopfern. Der Sonnengott Huitzilopochtli verlangte ständig nach neuen Herzen, damit die Leben spendende Sonne aufgehen konnte. Im Templo Mayor der Hauptstadt Tenochtitlán (siehe S. 112–113) zerrten die Priester die Menschenopfer über steile Treppen auf die Spitze der Pyramide zum Tempel. Die Opfer wurden rücklings über einen Opferstein gelegt, ihre noch schlagenden Herzen wurden herausgeschnitten. Die Priester warfen die Toten die Treppe hin-

unter – sie symbolisierten damit den mythischen Sieg der Sonne über den Mond, dessen gliederloser Körper in einem Relief am Fuß der Pyramide dargestellt war. Die Weihe des Templo Mayor 1487 soll 20.000 Opfer gefordert haben. Dies ist aber vermutlich eine Übertreibung der Spanier, die ihren moralischen Anspruch auf Amerika verteidigten.

In Asien symbolisieren Opferungen die göttliche Macht der Herrscher. In

MINENTEUFEL IN BOLIVIEN

Bergleute, die in Bolivien Zinn abbauen, glauben, dass sich das wertvolle Erz, nach dem sie graben, im Untergrund bewegt, und sich dem Bergmann verbergen oder zeigen kann, wie es will. Das Erz wird von mächtigen Geistern beherrscht, die dem christlichen Teufel gleichen. Sie sind die wahren Besitzer der Zinnberge.

So wie bei der Jagd von Tieren in Jägerkulturen ist die Entnahme von Erz ein Privileg, für das bezahlt werden muss. Wenn die Geister nicht durch regelmäßige Opfergaben besänftigt werden, können sie unter Tage Katastrophen auslösen. Standbilder der Minenteufel werden in eigenen Schreinen in der Mine aufgestellt. Ihnen werden Opfer dargebracht, meist in Form von Cocablättern, Zigaretten und Alkohol. Manche Schreine sind aus dem Felsen herausgeschlagen, andere imitieren religiöse Architektur in einer Mischung christlicher und heidnischer Elemente.

Schrein in Potosí, der wichtigsten Bergbaustadt in Bolivien, aus dem Felsen herausgehauen; Opfergaben liegen vor dem Bildnis des Minenteufels.

Aztekische Chacmool-*Figur als Altar unterhalb des Tempels der Krieger in Chichén Itzá, Mexiko (siehe S. 16–17). Geopferte Menschenherzen sollen auf die flache Platte gelegt worden sein.*

China brachte der Kaiser Himmel und Erde Opfer auf dem Altar des Himmels in Peking dar, erbaut 1420 an Stelle eines früheren Opferbergs auf drei Marmorterrassen. Darauf befand sich der runde, dreifach überdachte Tempel des Himmels. Diese Opfer sollten die Jahreszeiten, das Wetter und die Fruchtbarkeit beeinflussen und sicherten die Harmonie und den Erfolg des Reiches. In Südchina wurde eine andere Opferform, verbunden mit dem Ahnenkult, praktiziert. Beim Tod eines Kaisers wurden hunderte Untertanen getötet, und ihre Körper in oder bei dessen Grab beigesetzt (siehe S. 146–147). Der Segen der kaiserlichen Ahnen traf nur dann ein, wenn der Herrscher im Tod ebenso von einer großen Zahl von Dienern begleitet wurde wie im Leben.

In Bhaktapur, Nepal, dient noch heute die ganze Stadt als Arena für ein Opferdrama, bei dem berauschte Wasserbüffel (ihnen wird Alkohol eingeflößt) durch die Straßen zum Taleju-Tempel gejagt und dort geschlachtet werden. Gegenüber dem Eingang des Tempels steht eine Statue des auf einer Säule sitzenden Gründerkönigs. Taleju ist die Göttin der regionalen Königslinie, und

Das geschmückte Eingangstor des Taleju-Tempels in Bhaktapur, Nepal. Das Büffelopfer findet im Hof statt.

die gesühnt werden müssen. Ähnliche Opferzeremonien finden sich in ganz Nepal.

In vielen Religionen wird das Blutopfer symbolisch umgeformt oder durch andere Opfer ersetzt. Im frühen Judentum gehörten Tieropfer im Tempel von Jerusalem zu den Bußriten des Jom-Kippur-Tags; das geopferte Blut wurde von den Priestern im inneren Heiligtum des Tempels versprengt, um damit die Sünden des jüdischen Volks auszulöschen und Gottes Vergebung zu erlangen. Heute hat dieser Ritus die Form eines Bußtages mit Ritualen und Gebeten in der Synagoge. Im Christentum wird die komplexe Theologie des Opfers Christi – sein Blut wird als Sühne für die Sünden aller Menschen vergossen – in Elementen der Kirchenarchitektur wiedergegeben. Der Ritus der Kommunion ist ein zentrales Element des christlichen Glaubens, hat aber nur in der katholischen Kirche die Opferterminologie beibehalten – die Lehre der Transsubstantiation, der Verwandlung von Brot und Wein in den Leib und das Blut Christi. In katholischen Kirchen steht der Altar (an dem die Kommunion stattfindet) daher an prominenter Stelle. Die orthodoxe Kirche sieht die Kommunion als Leben spendende Begegnung mit dem auferstandenen Christus: Dies zeigt sich im Kuppelinneren russischer Kirchen mit den Bildern des Auferstandenen. Für die Protestanten war das Opfer Christi einzigartig und für immer ausreichend,

obwohl die Könige von Bhaktapur nicht mehr regieren, müssen ihre Repräsentanten (Priester oder Geistliche) den Büffeln öffentlich die Köpfe abschlagen. Die 24 Büffel – einer für jedes Stadtviertel – symbolisieren dämonische Armeen. Durch ihre Tötung demonstrieren die Priester den Sieg über das Böse und feiern die göttlich-königliche Herrschaft, die die natürliche und moralische Ordnung aufrechterhält. Dieses Opfer enthält auch die Idee des Sündenbocks. Die Büffel stellen nicht nur das äußere Böse dar, sonden auch die Sünden der Bürger,

DER ALTAR

Auf einem Altar werden Opfer dargebracht. Ursprünglich vermutlich nicht mehr als ein Erdhügel, ein Fels oder ein Steinhaufen, wurden Altäre mit der Entwicklung des Opfers als Element der Verehrung in den Tempeln immer kunstvoller. Im Buch Genesis baut Abraham auf einem Berg einen Altar, auf den er seinen Sohn Isaak legt. Er bereitet sich darauf vor, das Brandopfer zu bringen, mit dem Gott ihn auf die Probe stellt. Biblische Quellen berichten auch von Altären, die mit Ziegenhäuten und Tüchern bedeckt sind.

In christlicher Tradition haben Altäre meist die Form eines Tisches – ein Kontrast zu den massiven heidnischen Altären. Die oft mit Tüchern bedeckten christlichen Altäre erinnern an den Tisch des Letzten Abendmahls. Viele Altäre sind sehr kunstvoll und haben ein Altarbild (eine Konstruktion oberhalb des Altars) oder ein Retabel (eine an der Wand hinter dem Altar

Retabel und Altar der Westminster Abbey, London; das Altartuch stellt den biblischen Tisch dar.

befestigte Konstruktion). Der Altar selbst ist schlicht, Altarbilder und Retabel gehören aber zu den größten christlichen Kunstwerken.

seine Wiederholung im Ritual ist daher unnötig. Protestantische Kirchen sind Orte religiösen Kults, insbesondere des Gedächtnisses der Lehren Christi.

Opfergaben sind in jenen Religionen von höchster Bedeutung, die das Töten ablehnen. Im Buddhismus und Jainismus haben Tempel und Schreine meist vor den Götterbildern Altäre für symbolische Opferungen mit Öllampen, Weihrauch, Geld, Süßigkeiten, Früchten und Blumen. Das Opferritual, *Puja*, verbindet Gaben an den Gott mit Gebet, Meditation und Gesang. *Puja* ist auch im Hinduismus weit verbreitet, wo es mit blutigen Opfern verbunden sein kann; in gewaltlosen Traditionen stellt *Puja* ein „Opfer" dar, das den Verzicht auf Reichtum mit sich bringt. Dies spiegelt den Verzicht der ursprünglichen asketischen Lehrer auf weltliche Dinge wider. Paradoxerweise liegen in jainistischen Tempeln die meisten Opfergaben.

Ein Hindu in Kerala, Südindien, führt das Puja *bei einem Hausschrein durch. Er bringt ein Opfer an der Tür des Reislagers dar, um sicherzustellen, dass ihm die Reisgötter gewogen bleiben.*

Gebet, Predigt und Tanz

Beten – der Ausdruck eines Wunsches, einer Bitte oder einer Haltung – ist zentraler Akt der Kommunikation zwischen Mensch und Göttern. Auch Opfer und das Bauen von Gebäuden können eine Form des Gebets sein. Ein Bauwerk ist für das Gebet nicht notwendig. Häufige Gebete halten das Heim heilig: So etwa richten sich Hindus einen Schreinraum zum Beten ein und Christen sagen das Tischgebet. Bei den Juden werden die Festtage mit einer Zeremonie eingeleitet, bei der Gott bei Brot und Wein gepriesen wird. Kerzen symbolisieren Gottes Gegenwart.

Der Muezzin (Rufer) sendet seinen Aufruf zum Gebet in die Umgebung dieser Dorfmoschee in der Türkei.

Ein eigenes sakrales Gebäude entsteht dort, wo häufiges Beten als besonders notwendig oder wirkungsvoll angesehen wird. Dies kann über einem Grab stattfinden, wo man zu oder für die Toten, oder bei einem Schrein, wo man zu einem Heiligen betet. Das Innere eines für das Gebet bestimmten Gebäudes zeigt die Art des Dienstes, der der entsprechenden Gottheit dargebracht wird. Islamische Theologie und Gebet erfordern nur eine geringe innere Differenzierung (siehe S. 96–97).

Das Predigen und Lesen aus heiligen Texten ist eine Form der Kommunikation mit dem Göttlichen durch einen menschlichen Mittler. Predigten können im Freien stattfinden, so wie Christus auf dem Ölberg predigte,

DER MOSLEMISCHE GEBETSTEPPICH

In traditionell nomadischen Gesellschaften dient der Gebetsteppich als tragbare Moschee – er schafft überall einen rituell reinen Platz. Die Muster des Teppichs helfen dem Gläubigen, sich auf die ewigen Wahrheiten des Islam zu konzentrieren. Gewöhnlich wird eine *Mihrab*, die nach Mekka gerichtete Nische, dargestellt (siehe S. 96–97). Manchmal ist das ein abstraktes, von einem Dreieck gekröntes Quadrat. Das Quadrat symbolisiert die materielle Welt, das Dreieck das spirituelle Reich. Die Seiten des Dreicks stellen den kontemplativen Aufstieg der Menschen zu Gott oder das Herabsteigen der Gnade Gottes zu den Menschen dar.

Die Einfassung des Teppichs definiert die Grenze des reinen Raums und dessen Kontakt mit der Außenwelt, oft dargestellt durch gegenläufige Motive. Die Tuareg in der nordafrikanischen Wüste zeichnen den Plan einer Moschee in den Sand, wenn sie keinen Teppich haben.

Gebetsteppich aus Täbris, Iran. Jeder Teppich hat einen absichtlichen Fehler. Nur Allah ist perfekt.

oder Buddha seine erste Predigt im Wildpark von Sarnath hielt. Wo ein Gebäude für Predigt und Lesung bestimmt ist, wie dies in Islam, Judentum, Christentum und der Sikhreligion der Fall ist, nimmt das Innere die Form eines Auditoriums an. Sogar vor dem Hintergrund einer egalitären Theologie kann seine Verwendung fundamentale soziale Unterschiede wider- spiegeln, nicht nur zwischen Klerus und Laien, sondern auch innerhalb der Gesellschaft als solcher. Im *Gurudwara* (Tempel) der Sikhs lauscht die Versammlung am Boden sitzend den Lesungen, Männer und Frauen getrennt. In der Moschee werfen sich die Männer in egalitärer Art zu Boden, Frauen aber sind von ihnen getrennt. Bei den Buryat in Südsibirien sitzen die buddhistischen *Lamas* in Reihen vor der stehenden Gemeinde. Westli-

che christliche Kirchen haben meist in Reihen aufgestellte Kirchenbänke aus Holz. Die soziale Hierarchie kann so verstärkt wiedergegeben werden, da die besten Plätze für die lokalen Honoratioren reserviert sind, eine Praxis, gegen die es oft Widerstand gibt.

Die Architektur des Predigens und Lesens hebt Lesepulte und Kanzeln hervor. Christliche Kanzeln sind aus Stein oder Holz, entweder allein stehend oder in Nischen oder Wandvorsprüngen. Man findet sie nicht nur in Kirchen, sondern auch in den Refektorien vieler Klöster, in *(Fortsetzung auf Seite 72)*

UMSEITIG *Die weiß gekleidete Gemeinde sitzt in Reihen auf dem Boden des großen Tempels der Cao-Dai-Sekte in Tay Ninh, Vietnam. Zum Pantheon dieser 1926 in Südvietnam gegründeten Sekte gehören Buddha, Konfuzius, Christus, Jeanne d'Arc und Victor Hugo.*

Die Kanzel der barocken Kathedrale von St. Stephan, Bayern. Hoch über der Gemeinde zeigt sie die Bedeutung der Predigt in der Tradition der Kirche: Von hier aus hört man die Stimme des Priesters gut.

denen die Mönche schweigend aßen, während sie einer Predigt oder Lesung zuhörten. Manchmal ragt eine Kanzel auch auf die Straße hinaus, wie etwa bei der Kirche von Notre Dame in St-Lô in der Normandie. Im Islam wurde in der Moschee des Propheten in Medina, Saudi Arabien, zu dessen Lebzeiten (*ca.* 570–632) eine Kanzel aus Tamariskenholz auf zwei Stufen errichtet. Der Herrscher wollte sie in seine eigene Moschee in Damaskus verlegen, wurde aber durch eine Sonnenfinsternis, die Allahs Missfallen ausdrückte, abgehalten. Stattdessen erhöhte er die Kanzel um sechs weitere Stufen auf ihre heutige Höhe.

In Religionen, bei denen Prozessionen wichtig sind (siehe S. 76–79), umfasst das heilige Gebäude Korridore und Wege – etwa bei ägyptischen Tempeln oder den Schiffen und Kreuzgängen christlicher Kathedralen. Gibt es Kultgeheimnisse,

so ist auch ein inneres Heiligtum vorhanden, das durch Vorräume vor dem Besuch Uneingeweihter geschützt wird.

Die Pfade innerhalb der Anlage eines ägyptischen Tempels führen zum geheimen inneren Heiligtum, während das Schiff einer christlichen Kathedrale zum Altar führt. Der keineswegs geheime Altar ist wegen des Gemeinschaftsgedankens der christlichen Religion und des vor allem in der römisch-katholischen Kirche betonten Massenritus der

Gebetsmühle eines buddhistischen Klosters in Ulan Bator, Mongolei. Gebetsmühlen enthalten heilige Texte oder sind damit beschriftet – jede Umdrehung kommt dem Aufsagen eines Gebets gleich.

DAS GRIECHISCHE DRAMA

Gesten und Gefühle des Gebets können in einigen Hindutempeln von *Devadasis* (Dienerinnen der Götter) dargestellt werden, deren rituelle Tänze den Göttern Freude bereiten. Solche Rituale können zur Entwicklung einer speziellen Architektur führen. Das halbrunde Theater des griechischen Dramas mit den Steinstufen entstand, um Tausenden die Teilnahme an der Aufführung der Mythen des Frühlingsfestes des Gottes Dionysos zu erlauben. Auf dem kreisförmigen Platz (Orchestra) im Zentrum war ein Altar, um den sich die Tänzer bewegten, und von einer Flöte begleitet Gebete sangen.

Die Idee eines eigenen Schauspielers für jede mythische Figur entwickelte sich aus der Rolle des Chorführers. Seit der klassischen Periode (4. Jh. v. Chr.) wurden die Texte von Schriftstellern verfasst. Schauspieler traten in jeder Episode auf, sprachen miteinander, trieben die Handlung voran und gingen ab; zwischen den Akten sang und tanzte der Chor seine emotionale Antwort. Erst langsam entwickelte sich das Drama vom religiösen Ritual zur Unterhaltung.

Das Theater von Epidaurus, 4. Jh. v. Chr., das besterhaltene griechische Theater, wird noch heute für Aufführungen verwendet. Noch in der letzten Reihe hört man das Flüstern aus der Orchestra.

zentrale und augenfälligste Teil des Gebäudes und wird als heiligster Bereich des Bauwerks hervorgehoben. Englische protestantische Kirchen stellen ihn auf einen erhöhten Bereich, das Presbyterium („Platz der Älteren"), das während des Gottesdiensts nur von den Priestern und vom Chor verwendet wird. Orthodoxe Kirchen verbergen den Altar hinter einer Bilderwand (Ikonostase), hinter die kein Ungetaufter gehen darf. Dort, wo die Gläubigen nicht in das Gebäude eingelassen werden wie im griechischen oder römischen Tempel, steht der Altar im Freien und wird zum Mittelpunkt öffentlicher Aktivitäten; das wenig frequentierte Innere bedarf keiner aufwändigen funktionalen Unterteilung.

Ein sakrales Gebäude kann den regenerativen Aspekt des Gebets verkörpern, wenn es den Kosmos immer wieder neu erschafft. Die Priester im inneren Heiligtum des Amuntempels in Karnak, Ägypten (siehe S. 90–91) umsorgten die Statue des Schöpfergottes Amun mit erigiertem Phallus. Man glaubte, dass der Gott masturbierte und sich jeden Morgen wieder gebar. Reliefs mit Musikern und Tänzern sollten ihn stimulieren. Die Priester betreuten Amun im Namen des Pharaos, der ihm mit Bauwerken seine Dienste erwies.

Klang im Raum

Es gibt einen deutlichen Qualitätsunterschied zwischen Musik im Freien und in einem Gebäude. Im Freien entfernt sich der Schall, wird weniger und verliert sich. In einem Gebäude werden die sich überschneidenden Schallwellen mehrfach von den Oberflächen reflektiert. In eine Kirche hört man nicht nur den direkten Schall des Chors, sondern auch eine Mischung schwächer reflektierter Töne. Diese Reflexionen werden in Abhängigkeit von der Distanz zeitlich verzögert. Blanker Stein reflektiert fast 100 Prozent der Schallenergie; rohes Holz, weiche Materialien und vor allem Menschen absorbieren Energie und werfen weniger als 25 Prozent des Schalls an die Zuhörer zurück. Architekten wussten seit jeher über diese Fakten, und die Planung eines sakralen Gebäudes berücksichtigte die für die jeweilige Religion bedeutsame Ausbreitung von Sprache und Musik.

In Traditionen mit Betonung auf Musik ist der Hall (die Reihe der reflektierten Töne, die man nach einer Note hört) von besonderer Bedeutung. Im menschlichen Gehör verschmelzen Klänge, die innerhalb 1/30 Sekunde eintreffen, miteinander und werden als ein Laut empfunden: Der Hall bewirkt eine Bereicherung und Verlängerung des Klangs. Steinerne Kathedralen mit Pfeilern und hohen Dächern erzeugen eine Mischung aus nahen und fernen Klängen, wodurch es zu einem langen Nachhall kommen kann. Kirchen wurden dementsprechend gebaut und geistliche Musik so komponiert, dass sie zum Hall in bestimmten Gebäuden passte. Ein solcher Resonanzraum ist auch für die Orgel geeignet, ein seit dem 9. Jh. nahezu exklusives Kircheninstrument. Orgelpfeifen klingen so lange, wie die Note gehalten wird. Der Hall dämpft und „heiligt" diese Ab-

GLOCKENTÜRME

Christliche Glockentürme rufen die Gläubigen zum Gebet. Sie haben aber auch andere Funktionen. Im mittelalterlichen Italien, wo die Kirche eine mächtige politische Institution war, wurden Glockentürme (*Campanile*) oft frei stehend mit Arkaden und dekorativem Mauerwerk errichtet, um ihre Dominanz zu betonen. Optisch und politisch rivalisierten sie mit den befestigten Türmen der weltlichen Einrichtungen, die neben ihnen in den Himmel ragten.

Den Glocken wurden enorme Kräfte zugeschrieben. Bis vor kurzem glaubte man, dass ihr Läuten die Seelen der Toten vor dem Bösen schützt und Seuchen abwehrt; sie wurden auch zur Sturmwarnung eingesetzt. Eine Glocke aus dem 15. Jh. trägt die Inschrift: *Vivos voco, mortuos plango, fulgura frango* (Ich rufe die Lebenden, beklage die Toten und breche den Blitz).

Der frei stehende Campanile (Glockenturm) des Doms von Florenz, 14. Jh.

Buddhistische Mönche im Kloster Samye, Tibet, singen beim Gottesdienst ihre Gebete. Die Halle ist reich geschmückt mit Stoffbehängen und Seidenmalereien, die den Schall absorbieren.

ruptheit. So geschieht es, dass die Kathedrale selbst zu einem Instrument wird.

Konkave Wände bündeln den Schall; statt des Halls erzeugen sie als Echo unterscheidbare Klangwiederholungen. Eine Apsis erzeugt einen solchen Effekt, eine Kuppel kann ihn verstärken. Das Baptisterium in Pisa ist für sein Echo berühmt: Ein dort gesungenes Arpeggio (einzelne Töne) klingt wie ein Akkord und verklingt erst nach fast 25 Sekunden.

Sprache hingegen erfordert zwischen Sprechern und Zuhörern Klarheit durch nicht unterbrochene Schallwellen und einem nur kurzen Nachhall. Aus diesem Grund befinden sich die Kanzeln über den Gläubigen, und deshalb bevorzugen Methodisten und andere Glaubens-

richtungen kleine Kapellen statt großer hallender Kirchen.

Fernöstliche Religionen stellen andere Beziehungen zwischen Klang und Architektur her; sie betonen vielmehr die Klarheit, nicht den Hall. Fernöstliche sakrale Musik wird oft im Freien oder unter einem Baldachin aufgeführt. Tempelmusik ist ein wichtiges Element des tibetischen und mongolischen Buddhismus. Wandbehänge und Holzdecken dämpfen den Hall und erzeugen einen klaren, trockenen Klang; Hörner, Trommeln und klirrende Zimbeln begleiten den Gesang der Mönche. In der asketischeren Religion des Jainismus zählt das gesprochene Wort – Predigthallen der Jainas sind schlicht und rechteckig.

Prozession und Pilgerfahrt

Seit frühester Zeit wurde sakrale Architektur auch für Prozessionen angelegt. Schon im 6. Jh. v. Chr. war die Hauptstraße im Babylon Nebukadnezzars die Prozessionsstraße mit Götterstatuen, die zum Tor der Stadtgöttin Ishtar führte. Prozessionen und Pilgerfahrten sind religiöse Höhepunkte, bei denen ein Ort oder ein Gebäude als Treffpunkt von Menschen und Göttern und als Quelle der Kraft dient. Menschen ziehen zu dieser Kraftquelle, so wie die Gläubigen, die sich dem Haus des Gottes in einem griechischen oder römischen Tempel näherten. Sie können diese Kraft aber auch in Form einer Statue oder Reliquie mit sich tragen. Eine Prozession verbindet so einzelne Orte durch eine heilige Straße. Am Ziel angekommen legen die Pilger den heiligen Gegenstand nieder, geben Zeugnis oder bringen Opfer dar.

Prozessionen können auch aus einem heiligen Gebäude herausführen, wenn die göttliche Macht, die gewöhnlich dort residiert, in die Welt hinausgeht. Einmal im Jahr, während der Nilschwemme, wurde im alten Ägypten die Statue des Gottes Amun in Karnak mit Kleidern verhüllt und auf einer Barke den Nil hinauf nach Luxor geführt. Dort wurden der Pharao und seine Frau mit der Statue in einen Raum eingeschlossen, vielleicht um einen Sexualakt in einem Ritus zu vollziehen, der die Göttlichkeit des Pharaos erneuerte.

Im Hinduismus kommen die Götter in einer jährlichen Prozession aus ihren Tempeln. Der Sonnentempel an der Küste bei Konarak in Orissa, Indien (erbaut

PILGERFAHRT UND KIRCHENANLAGE

Die ideale christliche Pilgerreise im mittelalterlichen Europa führte nach Jerusalem. Feindseligkeiten der Moslems in dieser Gegend machten das aber schwierig; man pilgerte daher zu anderen Orten. Auf den Straßen drängten sich Pilgergruppen, die zu heiligen Stätten wie Canterbury, Santiago de Compostela und Köln reisten (zu den Gebeinen der Heiligen Thomas Becket, Jakob und der drei Weisen), und auch zu vielen lokalen Schreinen mit deren Heiligen und Reliquien. Kirchen wurden mit mehr und größeren Flügeln, Schiffen und Apsiden angelegt, um größere Pilgerscharen und Prozessionen aufnehmen zu können. Aus bescheidenen Gebetshäusern wurden große Reliquiare und Kathedralen.

Es entstanden lokale Nachbildungen der Kirche vom heiligen Grab in Jerusalem, in der Jesus begraben worden sein soll. So konnten sich die Gläubigen auf eine spirituelle Reise nach „Jerusalem" begeben, das oft durch ein Labyrinth auf dem Fußboden dargestellt wurde (S. 139). Diese Kirchen waren keine exakten architektonischen Nachbauten – sie verwendeten die Architektur vielmehr dazu, die spirituelle Bedeutung durch die Nachahmung des Grabes und der runden Form des Originals auszudrücken.

Im 18. Jh. bauten Architekten „heilige Treppen", die Annäherung an die Kirche erhielt dadurch bereits religiöse Bedeutung. Die Spanische Treppe in Rom führt zur Kirche Santa Trinità über drei Treppenfluchten und Absätze, als Darstellung der Dreifaltigkeit.

Eines der 24 aus Stein gehauenen Räder des Sonnentempels von Konarak, in Karrenform.

1238– 1264), war als mächtiger Wagen entworfen, flankiert von 24 in Stein gehauenen Rädern und gezogen von sieben kolossalen Pferden. Der sehr abgelegene Dschungelschrein des Kataragama in Sri Lanka führt Hindus, Buddhisten, Moslems und Anhänger des eingeborenen Veddakults als Pilger zu einer Gruppe von Tempeln, die kaum mehr als schlichte rechteckige Räume sind. Der Tempel des Kataragama beherbergt den Gott in

Form eines magischen geometrischen Musters (*Yantra*) – ein Stern aus zwei verflochtenen, gleichseitigen Dreiecken – auf einer kleinen Goldplatte, die kein Sterblicher außer seinem Bewahrer zu sehen bekommt. Die Pilger sehen zu, wie das verhüllte *Yantra* in einer Prozession von Elefanten vom Kataragama-Tempel über eine von Tempeln anderer Götter gesäumte Straße zum Tempel seiner Herrin, der Dschungelgöttin Valli Am-

Beim Aufstieg über die Treppe zur Kirche des Bom Jesús bei Braga, Portugal, ziehen die Pilger an Kreuzwegstationen vorbei und folgen so den Stationen Christi auf dem Weg zu seiner Kreuzigung.

ma, gebracht wird. Er bleibt fünfzehn Minuten bei ihr eingeschlossen, in Erinnerung an ihre erste Begegnung, als der Gott aus Südindien kam. In anderen Teilen Sri Lankas werden die Zähne Buddhas und Marienstatuen aus Tempeln und Kirchen in gemeinsamen Prozessionen (*Perahera*) dieser unterschiedlichen Theologien umhergetragen.

Götter können um einen Platz getragen werden und ihn dabei heiligen und schützen. Gläubige können umherziehen und mit ihren Körpern einen Kreis bilden. Im Hinduismus geschieht dies als *Pradakshina*, in Richtung der Sonnenbewegung mit der reinen rechten Hand auf der Seite des verehrten Gegenstands. In der Gegenrichtung würde es Tod und Hexerei bedeuten. Man kann um seinen Guru herumgehen oder um einen Tempel, bevor man das innere Heiligtum betritt. Dies kann eine heilige Stadt wie Varanasi sein oder ganz Indien. *Stupas* haben oft einen speziellen Pfad, der um sie herum führt, etwa in Borobudur (siehe S. 24–25).

Prozessionen und Umzüge sind oft der Höhepunkt einer Pilgerfahrt, die man zu Orten wie einem Grab, Schrein oder Denkmal von besonderem spirituellen Wert unternimmt. Die Hinwendung der Seele zu diesem Wert kann durch die Mühen der Reise durch unbekanntes Land reflektiert werden. Vielfach spiegelt die Architektur des Ziels den Zweck der Pilgerreise und den starken

Eindruck bei der Ankunft wider. Der Pilger in Lourdes, Frankreich, sucht Heilung und findet eine Anordnung von Becken zum Eintauchen in das eiskalte Wasser der Wunder wirkenden Quelle der nahen Grotte, in der die heilige Bernadette 1858 die Visionen der Jungfrau Maria hatte. Die Bäder und die Grotte liegen am Fuß einer Klippe, über der die Domaine unserer Lieben Frau aufragt, ein Komplex von drei Kirchen, gekrönt vom Turm der Basilika. Nach Varanasi, Indien, kommen die Pilger, um im heili-

Diese Prozession führt um den Ruwanweli Dagoba in Anuradhapura, Sri Lanka, und windet ein Tuch um sein Fundament.

gen Fluss Ganges zu baden. Kranke und Alte kommen, um zu sterben. Der Fluss ist fünf Kilometer lang mit Stufen gesäumt, hinter denen Schreine liegen. Scheiterhaufen brennen Tag und Nacht und die Asche wird in den Fluss gestreut, damit die Seelen der Verstorbenen zu einer guten Wiedergeburt gelangen.

Pilgerstätten entwickeln Transportnetze, Wohn- und Nebengebäude und sind oft Ort von Festspielen oder Jahrmärkten und von Verkaufsständen umgeben. In Kataragama (siehe S. 77) kommen die buddhistischen Nonnen in der Pilgerzeit aus ihren Höhlen heraus und erteilen den Pilgern am Fuß der „Milch-Stupa" (*Kiri Dagoba*) geistlichen Rat.

Das Verhältnis zwischen Architektur und Religion ist komplex. Der Schrein des englischen Märtyrers Thomas Becket, ermordet 1170 in der Canterbury Cathedral, wurde 1538 von Heinrich VIII. zerstört, der 26 Wagen benötigte, um alle Schätze abzutransportieren. Auch ohne den Schrein bleibt die Kathedrale eine der wichtigsten Pilgerstätten Europas. Die Schätze des griechischen Apollotempels in Delphi wurden über Jahre hinweg von römischen Kaisern geplündert (siehe S. 142–143). Heute gibt es kaum noch Verehrer der griechischen Götter, doch die Besucher von Delphi spüren noch immer die enorme spirituelle Kraft dieses Ortes.

Der Turm des großen Wagens des Gottes Jagannath gleicht einem Tempelturm im Orissa-Stil.

DAS RATHAYATRA-FEST, PURI

Jagannath ist eine Form des Hindugottes Krishna, sein Tempel in Puri, Orissa, ist eine der vier heiligsten Pilgerstätten in Indien. Jedes Jahr wird die Staue des Gottes zusammen mit denen seines Bruders Balabhadra und seiner Schwester Subhadra auf Karren in einer Prozession durch Puri gezogen, um Krishnas Reise vom Gokul nach Mathura zu gedenken. Der Radscha von Puri kehrt die Straße vor ihm und verrichtet so die Tätigkeit der Straßenkehrer der niederen Kasten. Vor hunterttausenden Pilgern führt die Prozession vom Haupttempel von Jagannath zum etwa zwei Kilometer entfernten Gundicha Mandir (Gartenhaus). Nach einer Woche werden die Götter zum Tempel zurückgezogen.

Auch die Karren (*Ratha*) sind Architektur. Der Hauptkarren von Jagannath ist vierzehn Meter hoch und hat sechzehn Räder, jedes mit zwei Metern Durchmesser, Man braucht für die Prozession etwa 400 Karrenzieher. In der Vergangenheit warfen sich Pilger unter die Räder, um von dem fahrenden Gebäude zermalmt zu werden. Daraus entstand das englische Wort „juggernaut" (Schwerlastzug). Die Karren werden nach dem Fest als Reliquien zerteilt und im nächsten Jahr neu gebaut.

Die Kaaba, Mekka

Der Islam selbst ist als Gebäude konzipiert, das auf fünf „Säulen" basiert. Die ersten vier umfassen Verbreitung des Glaubens, Gebet, das Geben von Almosen und Fasten im Ramadan. Die fünfte ist die Pilgerfahrt (Hadsch) im Monat Dhu-al-Hijjah nach Mekka, ins Zentrum der islamischen Welt, wo Mohammed das Wort und Gesetz Gottes (den Koran) empfing. Jeder gesunde Moslem, Mann und Frau, sollte diese Hadsch wenigstens ein Mal in seinem Leben unternehmen.

Mekka ist der Schnittpunkt der vertikalen, zum Himmel reichenden Achse und der horizontalen Ebene der menschlichen Existenz. Zur Hadsch strömen die Pilger aus der ganzen Welt herbei; manche sind jahrelang unterwegs und geben dafür die Ersparnisse ihres ganzen Lebens aus. Wenn sie sich Mekka nähern, ziehen die Pilger spezielle Gewänder aus einfachem weißem Tuch an – Symbol der Reinheit der Seele und der sozialen Gleichheit. Die Pilger vollziehen während mehrerer Tage zentrale Ereignisse aus dem Leben Mohammeds nach.

Das Ziel der Pilger oder *Hadschis* ist die Große Moschee Al-Masjid al-Haram. Im Zentrum ihres riesigen Hofs, der an jeder Ecke mit zwei Minaretten geschmückt ist, steht der massive schwarze Schrein, die Kaaba. Mekka war ursprünglich eine Oase und Handelsstadt, die Kaaba ein Schrein präislamischer Gottheiten. Mit dem Entfernen der Götzenbilder durch Mohammed entstand 630 der islamische Monotheismus.

OBEN *Ein Hadsch-Zertifikat von 1432 als Erinnerung an die Pilgerreise nach Mekka. Heute malen insbesondere in Westafrika Hadschis Bilder ihrer Reise außen an ihre Hausmauern.*

GROSSES BILD GEGENÜBER *Hunderttausende Pilger versammeln sich während der Hadsch im Hof der Großen Moschee. Die Kaaba ist ein würfelförmiges Gebäude aus dunkelgrauem Stein mit einem zwei Meter über dem Boden liegenden Tor an der Ostseite. An der südöstlichen Ecke ist ein mit Silber umrahmter schwarzer Stein eingelassen, wahrscheinlich ein Meteorit, der vom Engel Gabriel gebracht worden sein soll. Außen ist die Kaaba mit Tüchern bedeckt, mit goldenen und silbernen Bordüren mit Sprüchen aus dem Koran, die jedes Jahr erneuert werden. Das Innere ist mit Marmor und vergoldeten Silbertafeln ausgekleidet. Am ersten Tag vollzieht der Pilger das Tawaf, wobei er siebenmal um die Kaaba schreitet und versucht, den schwarzen Stein zu küssen.*
GEGENÜBER LINKS *Die Kaaba soll von Abraham (im Islam als Prophet verehrt) beim Brunnen von Zamzam gebaut worden sein, der Abrahams Frau Hagar von einem Engel gezeigt wurde. An einer Ecke führt ein breiter, befestigter Gehweg aus der Moschee zwischen die niedrigen Hügel von Safa und Marwah (links oben im Bild). In Erinnerung an Hagars verzweifelte Suche nach*

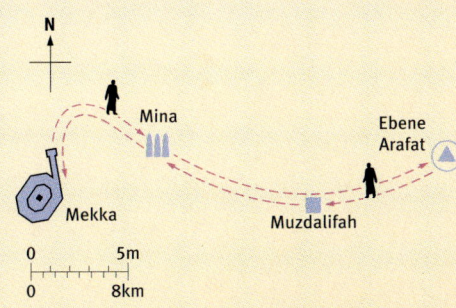

Wasser, um sich und ihren Sohn Ismael vor dem Verdursten zu retten, laufen die Pilger den Weg sieben Mal hin und her.

OBEN RECHTS Von der Kaaba und dem Dammweg gelangen die Pilger in die Stadt Mina und die Ebene Arafat, wo der Prophet seine Abschiedspredigt hielt. Hier fragte er Allah, ob er seine Botschaft überbracht und seinen Ruf erfüllt habe, und die Menge antwortete: „Ja, bei Allah, du hast!" Die Pilger kehren über Muzdalifah für drei Tage nach Mina zurück, wo sie Steine auf drei Säulen werfen, die Satan darstellen. In Mina kann ein Schaf, eine Ziege, ein Kamel oder eine Kuh geopfert werden, als Erinnerung an Abrahams Opfer. Zum Schluss folgt noch ein letzter Tawaf um die Kaaba.

Typen und Traditionen

Regionale Traditionen sakraler Architektur
drücken das, was für die ewige Wahrheit
gehalten wird, in vielfältiger Weise aus. In
jeder Kultur reflektieren Gebäude lokale
Ideen zur Form des Kosmos, zur Natur der
Götter, über die Art, wie sie im Universum
wohnen und wie Rituale ausgeführt werden.

Architekten und Handwerker greifen auf einen reichen Erfahrungsschatz zurück – mit
dem Ergebnis, dass es in der Architektur der
verschiedenen, oft gegensätzlichen Religionen
eine beachtliche Kontinuität gibt. Der griechische Tempel wurde von innen nach außen
gekehrt, um den römischen Tempel zu schaffen, der die Kuppel hinzufügte. Die frühe
christliche Basilika erbte die Kuppel und gab
sie über Byzanz an die Moschee weiter, wo sie
für den Ausdruck der islamischen Vorstellung
von Allah adaptiert wurde. Ähnliche Zusam-
menhänge verbinden den Hindutempel mit
der buddhistischen Architektur in Ostasien
oder die Entwicklung der Baustile in Mittelamerika. In jeder Region werden neue Stile
von lokalen Religionen und Technologien
modifiziert. Mit der Entwicklung der
Theologien adaptiert die Architektur bestehende Modelle, um neue Ideen auszudrücken.

*Der Blick über die Dächer der Altstadt von Jerusalem zeigt
Vielfalt und Kontinuität der sakralen Architektur. Kuppeln,
Spitzen und Türme sind im charakteristischen Stil der Region
erbaut und zeigen deutliche architektonische Ähnlichkeiten – diese
Formen repräsentieren jedoch Moscheen, Kirchen und Synagogen.
Die ähnliche Grundstruktur von Kuppel und Kubus wird auch in
der Architektur der Privathäuser der Stadt sichtbar.*

Megalithische Monumente

In Carnac, Frankreich, stehen über 3.000 prähistorische Steine. Im Lauf von 5.000 Jahren wurden sie möglicherweise als Mondobservatorium errichtet. Einst hielt man sie für versteinerte römische Soldaten.

Das Wort „Megalith" bedeutet „großer Stein". Megalithkulturen sind im prähistorischen Westeuropa, im alten Mittelamerika und heute in Südostasien und Ozeanien zu finden. Das Wort beschreibt meist einfache Baustile, die die natürlichen Formen des Steins verwenden. Der Terminus wird auch für die Verwendung massiver Steine in höher entwickelter Bearbeitungs- und Bautechnik gebraucht, wie etwa bei einigen Olmekenstätten in Mexiko und der frühen Inkastätte von Chavín, Peru. Im geheimnisvollen Tiahuanaco, das 4.000 Meter hoch in den bolivianischen Anden liegt, bildeten lange Reihen massiver, aufgerichteter Steine eine durchgehende Mauer um einen großen Platz. Den Eingang, Tor der Sonne, schlug man aus einem eigenen Block.

In Europa findet man megalitische Monumente aus dem Neolithikum (Jungsteinzeit) vor allem in Großbritannien, Frankreich, Spanien, Portugal, Sardinien, Malta, Südschweden und Norddeutschland. Sie wurden zwischen dem 5. und 2. Jahrtausend v. Chr. errichtet.Das häufigste Monument ist die Grabkammer. Dabei kann es sich um Ganggräber mit einem langen Eingang wie etwa in Newgrange, Irland, handeln, oder um Hofgräber, benannt nach ihrem halbkreisförmigen Eingang wie in Irland und Sardinien; oder auch um Dolmen, bei denen zwei oder mehr aufrecht stehende Steine eine horizontale Platte tragen. Ein weiterer verbreiteter Typ ist der allein stehende Stein oder Menhir („langer Stein"). Die größten und spektakulärsten megalithischen Monumente sind die Reihen und Kreise aus stehenden Steinen, verbreitet in Großbritannien und Nordwestfrankreich. In Stonehenge, Südengland, wurde der Kreis der stehenden Steine mit Trägern abgeschlossen (siehe S. 169).

Megalithische Monumente waren auch in Südostasien und Ozeanien weit verbreitet. Heute sind sie vor allem auf den indischen Inseln Nias und Bali, in Sumba, Indonesien, und in Polynesien von Bedeutung. Wie im alten Europa erfüllen sie ein Reihe von Aufgaben. Bei den Sora in Indien stellen die Assistenten des Schamanen bei jedem Begräbnis einen Menhir auf, der das Weiterleben dieser Person in der Unterwelt darstellt (siehe S. 147). Beim Begräbnis eines Häuptlings in Nias oder Sumba werden bis zu 30 Tonnen schwere Steine horizental auf Dolmen gelegt. Im heutigen Bali wird, so wie im alten Polynesien, eine Reihe von in Stoff gehüllten Menhiren innerhalb eines geschlossenen Tempelhofs als Wohnung für die Geister der Ahnen aufgestellt. Beide Kulturen errichteten rechteckige Steinpyramiden, deren größte in Polynesien – auf Tahiti – einen Grundriss von 81 mal 22 Metern hatte. In Polynesien wurden Megalithen auch als Navigationshilfe zwischen winzigen Inseln auf hoher See verwendet. Die Seeleute beobachteten die Stellung der Sterne in Bezug auf die Steine. In Kiribati zeigen neun Steine an der Küste genau zu drei benachbarten Inseln und geben so die Abweichung bei unterschiedlichen Strömungen an.

WARUM WURDEN DIE MEGALITHEN ERRICHTET?

Da schriftliche Quellen fehlen, ist die Interpretation prähistorischer Monumente oft kontrovers. Stonehenge (siehe S. 14), einer der größten und geheimnisvollsten Steinkreise, wird als Tempel, Versammlungsplatz, Begräbnisstätte, Observatorium und Kalender interpretiert. Vielleicht war es all das. Im Nordosten der Anlage führt eine zum Mittsommersonnenaufgang gerichtete Allee vom Zentrum heraus; eine Öffnung im Nordwesten ist auf den Mittwintermonduntergang gerichtet.

Die Anlage mancher Gräber stellt eine Verbindung zwischen Astronomie und Wiedergeburt her. Das Ganggrab gleicht einer Vagina, die in die Gebärmutter führt; manche Gräber haben einen Eingang, der ganz deutlich wie eine Vulva geformt ist. Diese Interpretation wird unterstützt durch die Einfassung des Grabhügels von Newgrange mit weißem Quarz, der das Grab einem Ei ähnlich macht. In vielen Religionen ist das Grab auch ein Ort der Regeneration und Wiedergeburt, und es scheint, dass das auch bei neolithischen Völkern so war. In Newgrange dringen zur Wintersonnenwende die Strahlen der aufgehenden Sonne fast 30 Meter tief entlang des Gangs bis zur Rückwand ein. Dies war sehr genau berechnet, da das aufwärts führende Gefälle des Gangs durch eine winzige Öffnung in einer „Dachkammer" ausgeglichen wurde, die das Sonnenlicht einlässt. Es ist, als ob der Verstorbene, ebenso wie das sterbende Jahr, durch die Sonne neu geboren würde.

Außenansicht des Grabhügels von Newgrange in Irland, errichtet vor mehr als 5.000 Jahren.

Avebury und Silbury Hill, England

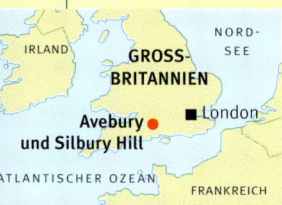

Avebury ist eine große bronzezeitliche Anlage in Wiltshire, erbaut um 2600 v. Chr. Der äußere Kreis bestand aus über 100 aufgerichteten Steinen; er war von Graben und Wall mit fast 430 Metern Durchmesser umgeben. Um den Graben zu bauen, wurde der Kalkboden mit Werkzeugen aus Hirschgeweih ausgeschabt. Im Inneren standen zwei kleinere Kreise nebeneinander; jeder bestand aus cirka 30 Steinen mit einer Anhäufung größerer Steine in der Mitte. Heute sind nur noch wenige dieser Steine zwischen Häusern und Gärten des Dorfs innerhalb des äußeren Kreises erhalten.

Der Altertumsforscher William Stukeley zeichnete und beschrieb das Monument im 18. Jh., kurz bevor es großteils zerstört wurde, um Ackerland und Baumaterial zu schaffen. Er identifizierte zwei Steinalleen. Die eine, heute noch sichtbare, führt von Avebury zu einem heute verschwundenen kleinen Steinkreis am Overton Hill. Die andere (nicht mehr erkennbare) Allee wand sich gegen Südwesten. Stukeley bezeichnete diese Alleen als Schlangen und beschrieb Avebury als Schlangentempel, als alchemistisches Symbol göttlicher Macht, eine heute angezweifelte Interpretation.

Avebury ist von der größten Konzentration prähistorischer Monumente in Großbritannien umgeben. In der Nähe liegen die Langgräber von West und East Kennet – Ganggräber aus ca. 3600 v. Chr. – und der mächtige neolithische Hügel von Silbury Hill, dessen eigentlicher Zweck ein Geheimnis bleibt.

GROSSES BILD GEGENÜBER *Südwestlich von Avebury liegt Silbury Hill, mit 40 Metern Höhe der größte künstliche Hügel Europas. Einst hielt man ihn für das Grab des Königs Sil, eine lokale Legende, aber bei Ausgrabungen stieß man auf einen massiven Felskern. Die Entdeckung von Gras und fliegenden Ameisen im Inneren zeigt, dass mit dem Bau des Hügels Ende Juli oder Anfang August, etwa 2750–2660 v. Chr. begonnen wurde. Schon immer gebot er Respekt: Sogar die Römer machten beim Bau einer geraden Militärstraße einen Bogen herum. Ausgrabungen konnten den Zweck nicht enthüllen. So spekulierte man, dass es ein Omphalos, ein Nabel der Welt, sein könnte (siehe S. 142–143), der Bauch einer Muttergöttin, oder ein Fürstendenkmal.*
LINKS *Die große kreisförmige Einfassung von Avebury ist heute von Straßen durchschnitten; das Dorf unterbricht den Graben. Dennoch behält der Ort die Aura alter Macht. Dahinter erhebt sich der Kegel von Silbury Hill.*
GEGENÜBER, LINKS UNTEN *Teil des Außenkreises von Avebury. 27 von ursprünglich mehr als 100 Steinen stehen noch.*

RECHTS *Das Innere des Langgrabes von West Kennet, eines megalithischen Ganggrabes nahe Avebury. Ein enger Gang aus aufgerichteten Steinen, bedeckt mit großen Steinplatten, führt vom Eingang des Grabes zur Hauptkammer. Es wurde um 2500 v. Chr. errichtet und 1.000 Jahre lang für Grablegungen benutzt. Dann wurde der Eingang mit einem massiven Stein verschlossen.*

Ägyptische Tempel

Der Hauptzugang zum Tempel von Philae, von David Roberts (1796–1864). Das mächtige Eingangstor, flankiert von Säulenreihen mit Lotuskapitellen, dominiert den Komplex.

Wenn die jährliche Nilschwemme zurückging, kamen nach und nach Schlamminseln zum Vorschein. Genauso soll sich nach dem ägyptischen Mythos das trockene Land aus dem Wasser des Chaos erhoben, und jenen Platz geschaffen haben, wo der erste Gott, Atum, entstand. Viele Tempel waren eine architektonische Darstellung dieser Urinsel: Der Besucher wurde über Stufen oder Rampen auf jede Ebene bis zum inneren Heiligtum hinaufgeführt. Der Urhügel als Ort der Schöpfung kann auch die mögliche Wiedergeburt symbolisieren, eine beim Kenotaph von Seth I. in Abydos symbolisierte Idee, wo der Sarg auf eine von Wasser umgebene Insel gestellt wurde.

Der ägyptische Tempel war aus Horizontalbalken konstruiert, aus aufrechten Pfosten und Querbalken mit einfachen Flachdächern. Die Holzbalken der frühesten Tempel wurden durch steife Bündel von Papyrusrohr gehalten, die die Vegetation der Urinsel symbolisierten. Spätere Steinsäulen imitierten diese Papyrusbündel bis zum vertikal gerippten Effekt der einzelnen Stämme. Ab der dritten Dynastie wurden Papyrusblüten offen dargestellt, ab der fünften Dynastie als Knospen. Oft stellten Kapitelle den Lotus (Wasserlilie) dar. Der Papyrus symbolisierte das Deltagebiet von Unterägypten, der Lotus Oberägypten. Diese zwei Arten wurden später oft in ein und demselben Gebäude kombiniert, um die Vereinigung der beiden Königreiche darzustellen.

Der Tempel ist im Wesentlichen ein langer, aufwärts führender Pfad, der in den vollendetsten Beispielen abwechselnd durch offene, sonnendurchflutete Höfe und das dunkle, kühle Innere von Toren und Hallen zum inneren Heiligtum führt. Der Eingang zum Tempel besteht aus einem monumentalen Tor oder Pylon, geschmückt mit Fahnen, bunten Reliefs und Kolossalstatuen. Die Säulenhalle, die die Schlamminsel darstellt, war wie ein Wald von gigantischem Schilfrohr, oft so gepflastert, dass es wie Wasser aussah. Die Decke war häufig mit Sternen bemalt. Das innere Heiligtum beherbergte die Statue des Gottes und war dessen Wohnung, manchmal von anderen inneren Räumen mit Modellschiffen und den Amtsräumen der Priester umgeben. Wo der Pfad zur letzten kleinen Einfriedung hinabführte, wurde die Decke niedriger, was den Eindruck der Tiefe und des Mysteriums noch verstärkte.

Die Statuen des Pharaos Ramses II. vor seinem Tempel in Abu Simbel (13. Jh. v. Chr.) wurden aus dem Felsen gehauen. Sie sind dreidimensional, wurden aber so konzipiert, dass sie von vorne betrachtet werden sollten.

Im Lauf von 3.000 Jahren wurden einige Tempel riesig und komplex. In Luxor und Karnak (siehe S. 90–91) wurde der Eindruck des Pfades über die Jahrhunderte durch eine Reihe zusätzlicher Höfe, jeder mit einem Pylon, verstärkt.

DIE BEDEUTUNG DES NILS

Ägypten ist ein schmaler Landstreifen an den Ufern des Nils mit der Wüste dahinter. Der Blaue Nil, der den fruchtbaren Schlamm aus den Bergen Äthiopiens bringt, ermöglichte die Zivilisation. Im alten Ägypten stieg der Fluss von Juni bis Oktober rasch an und ging dann langsam zurück. Landwirtschaft konnte erst ab Oktober betrieben werden; so standen während der Überschwemmungszeit viele Arbeitskräfte für die Monumentalbauten zur Verfügung. Der Nil war auch Haupttransportweg – Steinblöcke von bis zu fünfzehn Tonnen wurden verschifft.

In Theben, Oberägypten, wurde am Westufer die „Totenstadt" errichtet. Dammwege führten vom Fluss zu einer Nekropole von Grabtempeln und Felsengräbern. Ebenfalls am Westufer lag der Königspalast. Die „Stadt der Lebenden" mit Arbeitersiedlungen lag am Ostufer. Der Tempel mit seinem langen Pfad mag nach dem Vorbild des Nils gebaut worden sein,

Das Dorf Beni Hasan liegt unmittelbar über der Hochwassermarke der jährlichen Nilüberflutungen vor dem Bau des Assuan-Staudamms 1971. Man kann dort mit einem Fuß in den Feldern und mit dem anderen in der Wüste stehen.

einer zentralen Achse mit Ufern und Feldern zu beiden Seiten. Die Ägypter empfanden wohl den Raum selbst als lang und eng – eine Idee, die im Tempel physische Gestalt annahm.

Der Amuntempel in Karnak

Der Tempel des Schöpfergottes Amun stand im Zentrum von Theben, der Hauptstadt des Neuen Reichs (*ca.* 1539 –1075 v. Chr.). Der Amuntempel war Teil des Tempelkomplexes von Karnak, der Schatzkammer eines an Steuern und Beute aus den Eroberungen reichen Staates.

Der mächtige Pylon, das Tempeltor, ist der erste von sechs, da der Pfad durch den ersten offenen Hof zum zweiten Pylon mit den beiden Statuen Ramses II. (1279–1213 v. Chr.) davor führt. Dieser Pylon führt zum Hypostylon, der Halle mit den riesigen Säulenreihen. Die große Halle, die vielleicht ein Dach hatte, macht eher den Eindruck eines Durchgangs als eines Raums, einer Etappe der Reise in den Tempel. Dieses Gefühl erreicht seinen Höhepunkt mit den zwei Reihen riesiger Säulen, die den zentralen Weg bilden, im Kontrast zu den kleineren Säulen dahinter, die nicht in einer Reihe mit den großen Säulen stehen. Der Raum seitlich des Pfades war düster und durch die versetzten Säulen unterbrochen; der zentrale Pfad war höher, scharf abgegrenzt und von Fensterschlitzen unter dem Dach beleuchtet.

Der Weg führt durch eine Folge dunkler innerer Hallen durch drei weitere Pylone, einige davon ursprünglich mit Goldtoren und silbernen Fußböden, zum Heiligtum des Sonnengottes, erbaut von Thutmosis I. (1493–1482 v. Chr.). Diese Kammer, der Brennpunkt des ganzen Tempels, enthielt eine Amunstatue in einem Schrein aus Gold und Edelsteinen.

OBEN *Priester reinigten sich rituell im heiligen Teich des Tempels. Die in Assuan erbeuteten Obelisken tragen Hieroglypheninschriften.*
RECHTS *Ein Gemälde des Hypostylons von David Roberts, 19. Jh. Die Säulen – 21 Meter hoch, 3,6 Meter dick – sind mit Reliefs der Triumphe des Pharaos geschmückt und haben Kapitelle mit Papyrusblütenreliefs.*

OBEN *Eine Allee widderköpfiger Sphingen führt zum ersten großen Eingangspylon; der Widder war das Symbol Amuns.*

UNTEN *Säulen wurden als Schilfrohr und Lotus oder als Papyrusblüten oder Knospen gestaltet – zur Erinnerung an deren Schöpfungsmythos, in dem eine Urinsel nach dem Rückgang der Flut entstand (siehe S. 88–89); nach einer weit verbreiteten Ansicht verkörpert der ganze Tempel diesen Mythos.*

RECHTS *Besucher kommen durch die Sphinxallee (A) und durch den ersten Pylon in einen weiten, sonnigen Hof – ein Kontrast zur schattigen Säulenhalle (B), zu der ein zweiter Pylon führt. Durch weitere Pylone, Hallen und Höfe erreicht man das innere Heiligtum (C), zu dem nur der Pharao und seine Priester Zugang hatten. Ursprünglich enthielt ein gold- und edelsteinbesetzter Schrein eine heute verlorene Amunstatue. Man glaubte, dass der Gott in dieser Statue residier-*

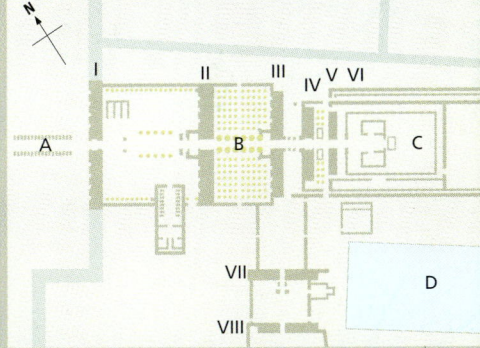

te; er wurde von kahlköpfigen Priestern betreut, die ihn rituell wuschen, ernährten und mit feinem Leinen dreimal täglich kleideten. Der heilige Teich (D) wurde von den Priestern für ihre Reinigung vor dem Ritual verwendet. Der Tempel wurde von mehreren Pharaonen vom inneren Heiligtum her erweitert (die römischen Ziffern auf dem Plan bezeichnen Pylone).

Schintoschreine und Tempel

Die japanische Schinto-
religion (Weg der Götter)
entstand aus dem alten
Volksglauben einer dyna-
mischen Gottheit, die in
allen Dingen, belebt oder
unbelebt, manifest ist.
Man glaubt an eine un-
endliche Zahl von Göttern
oder *Kami*, die in großen
Völkern, in Ahnen, Bäu-
men, Bergen, Felsen, Was-
serfällen oder anderen
Elementen der Umwelt,
aber auch in Phänomenen
wie Geburt und Tod resi-
dieren. Aufgrund dieses
Konzepts der vom Gött-
lichen durchdrungenen Natur findet
man Schintoschreine oft an Orten mit
natürlicher Schönheit oder Größe und
Mystik; die Schreine selbst sind oft Orte
der Naturverehrung. Mit dieser Perspektive geht der Respekt für die architektonische Verwendung natürlicher
Materialien im Gebäude des Schreins
einher. Nach dem Historiker Nitschke
gibt es vier Haupttypen des Schintoschreins: Säule, Hütte, Berg und Trich-
ter. Die meisten Schreine beinhalten
mehr als eines dieser Elemente. Alle sind
beweglich und erneuerbar – als Ausdruck der Idee, dass der Schrein der vorübergehende Wohnsitz (*Yorishiro*) einer
Gottheit ist, die regelmäßig das Volk
besucht. Alle vier Modelle leiten sich aus
dem Begriff des archetypischen Gras-
bündels (*Shime*) her, das mit dem heiligen Strohseil zusammengebunden ist,
das ursprünglich die Aneignung von
Land bedeutete. Im Lauf der Zeit wurden solche Zeichen der Humanisierung
der Welt geheiligt. Mit der Entwicklung

*Kyushu-Tempel, Japan. Das Seil über den Pfosten erinnert an die
ersten einfachen* Toriis *(Tore); die Streifen aus weißem Papier*
(Gohei) *symbolisieren die Gegenwart der* Kami *(Götter).*

des Schintoismus entwickelten sich auch
die Schreine. Aus frühen, einfachen Altären im Freien wurden ab dem 7. Jh. v.
Chr. Tempel, deren Stil Ähnlichkeiten
mit hölzernen Hochbodenhäusern und
Reislagern hat. Etwa zur selben Zeit,
nach Einführung des Buddhismus in
Japan, imitierten Schintotempel auch
den Stil chinesischer buddhistischer
Tempel. Anders als im frühen, einfachen
Stil waren sie bunt und geschmückt.

Moderne Schreine werden in einer
Stilvielfalt gebaut. In Gärten oder unter
Bäumen sind sie Ausdruck der Bedeutung der Natur, und meist auch ähnlich
angelegt. Am Eingang liegt ein Tor oder
Torii. Es bestand ursprünglich aus zwei
in den Boden gesetzten Pfosten mit einem dazwischen gespannten Strohseil;
das Seil wurde später durch einen hölzernen Querbalken ersetzt, der hinter
dem Pfosten verlief und durch einen
zweiten darunter, der die Pfosten verband. Schließlich wurde der *Torii* eine
eigene Architekturform – manchmal

TRAGBARE SCHREINE, RITUELLE WAGEN

Im Schintoglauben lassen sich Götter nur vorübergehend in Schreinen und Naturobjekten nieder. So mobil wie der Gott ist auch sein vom Menschen gebautes Gefäß. Es hat oft die Form eines Festwagens – ein „Berg" markiert die Stelle des Herabsteigens der Gottheit. Festwagen beim seit 1.100 Jahren gefeierten Gionfest in Kyoto bestehen aus einer prachtvollen Vielfalt quadratischer vierrädriger Karren, manchmal mit einem

*Ein tragbarer Schrein (*Mikoshi*) beim Sanja-Matsuri-Fest in Tokio.*

Schrein mit Dach für den Gott, manchmal mit einem halbkugelförmigen Hügel als Darstellung des Bergs.

Die meisten Festwagen sind mit Pinien- oder Zedernästen gekrönt. Die spitzen Blätter dienen als Kanal für einen in der „hohen Ebene des Himmels" residierenden Gott, der beim Fest durch die Äste des Baums zum Gipfel eines „göttlich auserwählten Feuerbergs" gerufen wird. Die Festwagen entwickelten sich über die Jahrhunderte. Viele symbolisieren Berge – allerdings ohne sichtbare Ähnlichkeit.

---

steht er allein in der Landschaft und bezeichnet einen heiligen Ort, etwa einen Berg, zu dem er führt.

Der durch den *Torii* gehende Gläubige passiert die Schwelle von der säkularen zur heiligen Welt und betritt den Bezirk des Schreins. Hier reinigt sich der Gläubige in Erwartung der Gegenwart der Götter mit einer Kelle reinen Wassers aus einem Stein. Der Schrein selbst besteht normalerweise aus mehreren Hallen und dem inneren Heiligtum – dem Bereich des Priesters – mit dem Bild des *Kami*. Manche Schreine sind sehr klein; andere sind große Tempelkomplexe mehrerer Schintogötter, und umfassen viele Nebengebäude und auch Stände, wo viele Glücksbringer verkauft werden,

Gläubige beim Kasugaschrein in Nara. Im Schintoismus läutet man eine Glocke, um dem Kami *Beginn und Ende des Gebets anzuzeigen.*

die später für den betreffenden *Kami* aufgehängt werden.

So wie ein Gott sich in einem Schrein niederlässt, kann er ihn auch wieder verlassen. Im heutigen Japan, wo es für die Stadtbewohner schwierig ist, zu hoch gelegenen Bergschreinen aufzusteigen oder wo heilige Stätten dem Fortschritt zum Opfer fielen, müssen die Schintopriester die Götter zu neuen Orten bringen. Das geschieht durch die vorübergehende rituelle Heimkehr des Gottes in sein ursprüngliches Zuhause auf einem fernen Gipfel, während die als Schreingefäß verwendeten Steine in weißes Tuch gehüllt werden. Nur in verhülltem und leerem Zustand können die Steine an den neuen Ort gebracht werden.

Der Große Schrein von Ise, Japan

Der Große Schrein von Ise ist der heiligste Schrein Japans. Er datiert aus dem 3. oder 4. Jh. v. Chr. In einem erstmals im 8. Jh. vollführten Ritual werden die Gebäude, die der Große Schrein umfasst, alle 20 Jahre zerstört und an einer sorgfältig vorbereiteten angrenzenden Stelle neu gebaut. Die neuen Schreine sind mit den alten identisch, gelten aber nicht als Nachbildungen, sondern sind ein neu geschaffenes Ise. Der Vorgang enthüllt die schintoistische Auffassung einer sich ständig erneuernden Natur. Zuletzt wurden die Schreine 1993 neu gebaut.

Der zwischen alten, hoch aufragenden Sicheltannen liegende Große Schrein besteht aus zwei gleichen, sechs Kilometer auseinander liegenden Teilen, die den zwei Hauptgöttinnen geweiht sind. Naiku, der innere Schrein und älteste Teil des ganzen Komplexes, ist der Sonnengöttin Amaterasu Omikami geweiht. Sie ist der *Kami,* von dem die kaiserliche Familie abstammen soll; nur der Kaiser, seine Familie und seine Priester dürfen diesen Bereich betreten. Der äußere Schrein oder Geku ist Toyouke no Omikami, der Reisgöttin geweiht.

Die Schreine drücken das Schintoideal von Reinheit und Einfachheit aus. Die Gebäude stehen auf Pfählen zwei Meter über dem Boden, in einem Stil, der auf den Pfahlbauten des alten Japan basiert. Die Gebäude sind aus dem Holz des *Hinoki*-Baums, einer weißen Zypressenart, das glatt gehobelt und dann in natürlichem Zustand belassen wird.

OBEN *Der Holzdruck aus dem 18. Jh. zeigt die Besucherscharen der Ise-Schreine. Seit dem Mittelalter wurden Pilger durch kaiserliche Boten aufgefordert, nach Ise zu kommen und für die Schreine zu spenden. Es herrschte Karnevalsstimmung, und manchmal kamen mehr als eine Million Pilger zum Schrein. Noch heute zieht die Stätte große Pilgerscharen an.*

OBEN *Der Eingang zum Naiku, dem inneren Schrein, von Ise. Nur Mitglieder des kaiserlichen Haushalts dürfen die Schwelle überschreiten. In Naiku befindet sich der heilige Spiegel, Symbol der Sonnengöttin Amaterasu, der der Legende nach von ihrem Enkel Honinigi zur Erde gebracht wurde. Er ist eines der fünf Symbole, die die göttliche Herrschaft des Kaisers legitimieren.*

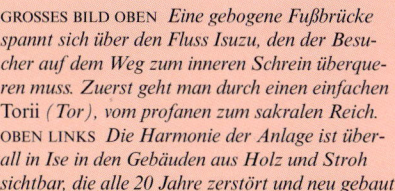

GROSSES BILD OBEN *Eine gebogene Fußbrücke spannt sich über den Fluss Isuzu, den der Besucher auf dem Weg zum inneren Schrein überqueren muss. Zuerst geht man durch einen einfachen Torii (Tor), vom profanen zum sakralen Reich.*
OBEN LINKS *Die Harmonie der Anlage ist überall in Ise in den Gebäuden aus Holz und Stroh sichtbar, die alle 20 Jahre zerstört und neu gebaut*

werden; sie sind zugleich alt und neu.
OBEN *Detail des Daches eines Schreingebäudes. Die Dächer müssen den schweren japanischen Regen aushalten – sie sind in elegantem Bogen mit entrindeten Streifen von Hinoki (japanische Zypresse) gedeckt. Die gekreuzten Enden und der vertikale Pfeiler reflektieren archetypische Formen japanischer Architektur.*

Moscheen

Im Islam ist Allah überall – die Moschee ist daher eher Gebetshalle als Schrein einer Gottheit. Das Innere der Gebetshalle ist der architektonische Ausdruck des *Tawhid*, der Lehre von der Einheit Gottes. Das Hauptaugenmerk der Moschee liegt nicht auf Masse oder Fläche, sondern auf Raum. Im Inneren der Gebetshalle gibt es keinen Pfad; der Gläubige wird aufgefordert, zu verweilen und diesen offenen, ungeteilten Raum zu betrachten.

Die frühesten Moscheen basierten auf Mohammeds Haus in Medina. Später entwickelte jede Region ihren eigenen Stil unter Beibehaltung der Trennung in einen äußeren Hof und die innere Gebetshalle. In Indien wurde die Moschee vom Hindutempel beeinflusst. Im östlichen Mittelmeerraum ist der Einfluss der byzantinischen Kirche zu erkennen – zum Beispiel bei der Blauen Moschee in Istanbul, 17. Jh. (siehe auch S. 166), die aus einer quadratischen Halle mit wenigen Pfeilern und einer Kuppel besteht, umgeben von einer Vorhalle und Minaretten. In einer typischen Moschee darf man die Gebetshalle erst betreten, wenn man sich zuvor an einem Becken oder Brunnen gewaschen hat. In manchen Höfen wird der Brunnen zu einem eigenen architektonischen Element.

Mohammed sandte seine Anhänger auf die Dächer, um die Gläubigen zum Gebet zu rufen, und bald entwickelte sich das Minarett als spezieller Turm, von dem aus der Muezzin (Rufer) fünfmal am Tag die Gebetszeiten verkündet. In Syrien und Nordafrika sind die Minarette quadratisch und haben mehrere Geschosse. Im Irak sind sie breit und gedreht, im Iran und der Türkei schlank und zylindrisch, mit hohen Balkonen.

Die Sultan-Ahmet-Moschee oder Blaue Moschee (1606–1619) in Istanbul hat sehr typische und schlanke türkische Minarette.

Das arabische Wort für Moschee, *Masjid*, bezeichnet einen Ort, an dem man sich in Befolgung der Gesetze Allahs zu Boden wirft. Die Bedeutung des Wortes „Islam" bezieht sich auf den Frieden, der durch Gehorsam des Gesetzes und Unterwerfung entsteht. Die sakrale Geografie des Islam erstreckt sich von der Moschee auf die ganze Welt. An einer Innenwand der Gebetshalle befindet sich eine Nische, genannt *Mihrab*, die immer nach Mekka ausgerichtet ist (siehe S. 80–81) – dem *Qiblah* (Zentrum) der islamischen Welt. In Großbritannien, Algerien oder Kanada ist sie nach Osten oder Südosten ausgerichet, in Indien, Indonesien oder Australien schaut sie nach Westen oder Nordwesten.

Die *Mihrab* ist oft reich geschmückt, mit Lampen behangen und kann eine Kuppel haben – ein Symbol des Paradieses. Sie vereint jede Gemeinde in ihrer eigenen lokalen Moschee und lenkt alle Gläubigen ins Zentrum des islamischen Glaubens. Fünfmal am Tag stellt sich die Gemeinde vor der Nische hinter dem Vorbeter (Imam) auf, um zu Allah zu beten. Frauen beten in einem von den Männern abgetrennten Bereich. Wenn eine Gemeinde nur aus Frauen besteht, hat sie einen weiblichen Imam. In den großen kollektiven Moscheen, den Freitagsmoscheen (*Jami*) lauscht die Gemeinde an Freitagen und Feiertagen (*Id*) auch den Predigten von der erhöhten Kanzel (*Minbar*).

Im Islam macht die Verehrung des geschriebenen Worts Moscheen auch zu Zentren der Bildung, die oft mit Islamschulen (*Madrase*) verbunden sind. Das Gebetsritual ist Grundlage einer Lebensart – religiöse Führer machten die Moschee daher auch zum Zentrum ihrer Herrschaft und Rechtsprechung.

In der Moschee gibt es keine bildliche Darstellung Allahs oder des Menschen – keine Statuen oder Bilder. Die Wände sind mit kunstvollen geometrischen Mustern einander überschneidender gerader oder fließender Linien dekoriert, die einen ruhelosen Rhytmus von Vegetation und Arabesken erzeugen. Die Lehre des *Tawhid* besagt, dass Allah die Quelle und Kulmination aller Vielfalt ist; die Muster können also auch die arabischen Buchstaben seines Namens (siehe S. 49) enthalten. Allah selbst wird als Licht aufgefasst. Die Gitter und durchbrochenen Wände der Moschee sollen den Unterschied zwischen Licht und fester Substanz verwischen.

„AMEISENHÜGEL"-MOSCHEEN

In Westafrika werden die Dorfmoscheen oft aus Lehm auf einem Gerüst von Stäben erbaut, getragen von schweren Stützpfeilern. Die Turmspitzen können eine vergrößerte Form der Ahnenpfeiler am Eingang vieler lokaler Höfe sein. Die ganze Moschee kann auch eine Nachbildung der großen Termitenhügel der Region sein. Wie ein Termitenhügel erfordert die Lehmmoschee ständig Reparaturen; die Stäbe dienen als permanentes Gerüst. Aufgrund eines Mangels an Baumaterial ist das Innere klein und dunkel. Größere Moscheen in den Städten reproduzieren diese Formen oft auch dann, wenn sie aus Beton gebaut sind.

Bei dieser weiß gestrichenen „Ameisenhügel"-Moschee in Nordghana fehlen Kuppel und Minarette, die für Moscheen im Nahen Osten und Zentralafrika typisch sind.

Isfahan, Iran

In einem Becken im heutigen Iran erhebt sich eine Stadt mit Moscheen, Palästen und Villen – Höhepunkt der persischen Kunst und Architektur des 17. Jh. Die Gartenstadt Isfahan, von den persischen Dichtern als „die halbe Welt" gerühmt, wurde von Schah Abbas angelegt, dem Herrscher eines Reichs mit Handelsbeziehungen von China bis Schweden.

Auf dem riesigen Maidan-i-Shah (Schahplatz) baute er zwei kontrastierende Moscheen mit Fassaden aus lichtreflektierenden, glasierten Ziegeln in türkis-, kobalt- und lapislazulifarbenen Tönen. Wegen der notwendigen Ausrichtung der *Mihrab* nach Mekka bilden die Moscheen keine Linie mit dem Platz davor und werden durch den außergewöhnlich krummen „Ellbogengang" betreten.

Die Scheich-Lutfullah-Moschee wurde *ca.* 1603–1617 erbaut. Sie ist klein, mit nur einer Gebetshalle ohne Hof. Die exquisite Kuppel ist leicht abgeflacht, in Anlehnung an einen älteren Seldschukenstil. Sie enthält Pflanzenranken, die auf das islamische Paradies anspielen, in schwarzen Umrissen auf einem je nach Lichteinfall beigen oder rosafarbenen Hintergrund. Diese Moschee war für den wachsenden Glanz am Hof des Schahs zu bescheiden, weshalb der Schah 1611 mit dem Bau der Masjid-i-Shah (Moschee des Schahs) mit eindrucksvoller blauer Kuppel begann. Das Tor an der Südseite des Platzes betonte die Macht des Schahs. Die Moschee wurde 1638 vollendet, neun Jahre nach seinem Tod.

OBEN *Das Innere der Lutfullah-Moschee: Die Mihrab in der linken Wand weist nach Mekka. Der Boden besteht aus glänzend-blauen Fliesen.*
LINKS *Eines der Minarette der Schahmoschee und die leicht spitze, türkisfarbene Kuppel mit gewundener rankenförmiger Dekoration. An ihrer Basis ein Band in dunklerem Blau, mit heiligen Texten in weißer arabischer Kalligraphie.*

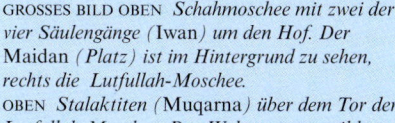

GROSSES BILD OBEN *Schahmoschee mit zwei der vier Säulengänge (*Iwan*) um den Hof. Der* Maidan *(Platz) ist im Hintergrund zu sehen, rechts die Lutfullah-Moschee.*
OBEN *Stalaktiten (*Muqarna*) über dem Tor der Lutfullah-Moschee. Das Wabenmuster mildert den Übergang von den rechteckigen Wänden zur runden Kuppel und versinnbildlicht die*

Kristallisation des himmlischen Äthers in irdischer Form.
OBEN *Das Innere der Kuppel der Lutfullah-Moschee. Das faszinierende Muster wird als Darstellung des Herabsteigens Gottes und der Bewegung der Einheit Gottes im Zentrum zur Vielfalt seiner Schöpfung an den Rändern angesehen.*

Hindutempel

Der Hindutempel ist vor allem ein Haus der Gottheit (*Deva Sthanam*). Meist hat er ein inneres Heiligtum, in dem das Bild des Gottes aufbewahrt wird (siehe S. 27). Man glaubt, dass der Gott in diesem Bild gegenwärtig ist. Der Tempel symbolisiert die Form des Kosmos durch ein *Mandala* (kosmisches Diagramm; siehe S. 12– 13, 36–37) das seinen Grundriss bildet.

Der Hinduismus ist keine einheitliche Religion, er kombiniert viele spirituelle Traditionen, deren Elemente sich auch in anderen Religionen wie Buddhismus und Jainismus finden. In all diesen Religionen be-

Im Sonnentempel von Konarak, Orissa, 13. Jh., umschließen dicke Mauern ein zentrales Heiligtum. Der Tempel ist mit Reliefs von mythologischen Gestalten und erotischen Figuren bedeckt.

einflussen einander Tempel und Formen der Verehrung ständig. Die ältesten erhaltenen Hinduschreine, die Udayagiri-Tempel in Orissa, sind ganz aus dem Felsen gehauen, eine Nachahmung buddhistischer Modelle. Solche Höhlentempel verkörpern die Idee eines inneren Heiligtums, des *Garbhagriha* (Gebärmutterhaus). Spätere, frei stehende Tempel öffneten das Heiligtum in die vier Himmelsrichtungen durch Hinzufügen von nach außen vorspringenden Nischen zur Aufnahme von Götterdarstellungen.

Die klassische Form des großen Hindutempels entstand im Mittelalter (*ca.* 500–1500), zur gleichen Zeit wie die großen Kathedralen in Europa. Mit vielen Entwicklungen und Ergänzungen folgt er der gleichen Struktur wie die frühen Tempel. Das Gebärmutterhaus enthält

ein zentrales Heiligtum (*Vimana*), in dem die Hauptstatue oder das Bild des Gottes aufbewahrt ist. Direkt über dem Heiligtum erhebt sich ein Turm (*Shikhara*), die Darstellung des Berges Meru als Zentrum des Kosmos (siehe S. 22– 23). Der Tempel ist von einem Pfad oder einer Veranda umgeben (siehe S. 87) und hat oft eine Versammlungshalle (*Mandapa*).

Das *Shikhara* entsteht aus Wiederholungen des gleichen Motivs, so als ob es aus sich wiederholenden Zellen bestünde. Die Oberfläche des Tempels besteht aus konzentrierter religiöser Ornamentik mit Reliefs von Göttern, mythischen Figuren und Helden der Hinduepen.

Es gibt zwei Haupttraditionen des Hindutempels: den nördlichen Nagara und den südlichen Dravida. Die nördliche Tradition ist wegen ihrer Entwick-

WEGRANDSCHREINE

In jedem Dorf und jeder Stadt Indiens gibt es Wegrandschreine für lokale Anliegen. An der Ecke einer geschäftigen Straße, unter einem ausladenden Baum auf den Feldern oder neben einer Straße in den Hügeln bestehen solche Schreine meist aus einer Plattform, auf der Bilder von Geistern, Ahnen und Helden stehen. Es ist unmöglich, die Ikonographie eines Wegrandschreins ohne Kenntnis lokaler Legenden zu entschlüsseln, da die Gottheit verschiedene Formen annehmen kann. Dev Narayan, in Radschasthan als Inkarnation des Gottes Vishnu oder Krishna verehrt, erscheint als Held auf dem Pferd, als sich aufbäumende Kobra, oder in abstrakter Form von fünf Ziegelsteinen.

Die Menschen errichten Schreine als Schutz gegen verschiedene Übel wie Unfrucht-

Eine Frau opfert an einem kleinen Wegrandschrein. Opfer sollen einem von bösen Göttern drohenden Unglück vorbeugen oder die Heilung von Krankheit bringen.

barkeit, Krankheit, Schlangenbisse, den bösen Blick oder die Strafe vernachlässigter Ahnen. Die Schreine stehen jedem offen, ungeachtet des Geschlechts, der Kaste oder Religion.

Die Wegrandschreine sind ein Konzept jenseits architek-

tonischer Strukturen. Dies können Bäume sein, eine Schriftrolle oder ein transportabler Schrank, der das Erzählen von Legenden begleitet. Er kann auch leben – ein Bettler, der als Verkörperung eines Gottes erkannt wird, ist ein „menschlicher Schrein".

---

lung des Bildes des geriffelten Samens der Heilpflanze *Amala* bemerkenswert, die Fruchtbarkeit, Gesundheit und fruchtbare Lebensprozesse symbolisiert. Der ursprünglich als Spitze frei stehender Säulen verwendete Samen wurde in starker Vergrößerung zur wichtigsten Dachform des Tempels über dessen zentraler Achse. Andere Türme und Schreine darunter unterstützten das Bild der Fruchtbarkeit und der ewigen Lebenskreisläufe architektonisch. Die Hauptform der südlichen Tradition ist ein Säulenpavillon mit Tonnendach. Kleine Pavillons scharen sich um einen größeren und bilden die Schichten einer Pyramide.

An besonderen Tagen finden im Hindutempel gemeinsame Gottesdienste und Feste statt; die Gläubigen können aber auch so kommen und Opfer darbringen. Die Götter an der Außenseite des Tempels sind als Beschützer des Ortes zugänglicher als die im Inneren. Das Gebäude grenzt einen heiligen Bereich ab, der im Heiligtum, oft hinter einem Tor oder Gitter, kulminiert. Hier bringen die Gläubigen ihre Opfer in Form von Blumen, Reis, Obst oder Süßigkeiten dar. Die Priester geben einige dieser Gaben als *Prasad*, als Segen des Gottes in Form seiner übrig gebliebenen Speisen, zurück.

Madurai, Indien

INDIEN
Madras
Madurai
ARABISCHES MEER
GOLF VON BENGALEN
SRI LANKA

Der Minakshi-Tempel von Madurai in Tamil Nadu aus dem 17. Jh. ist mehr als ein Ort des Götterschreins und der Priester. Wie viele südindische Tempel erlaubt er individuelle und gemeinschaftliche Verehrung in komlexen Gruppen von Heiligtümern und Höfen. Diese sind durch neun prachtvolle Tortürme (*Gopuram*) miteinander verbunden, die kleiner werden, je näher sie bei den zentralen Schreinen stehen. Sie enthalten bunte Götterstatuen und mythologische Figuren.

Der Minakshi-Tempel ist Shiva (in seiner lokalen Inkarnation Sundareshwarar) und seiner Gefährtin Minakshi geweiht – ungewönlicherweise ist sie die ranghöhere Gottheit. Eine Skulptur zu Ehren ihrer göttlichen Hochzeit steht vor dem Sundareshwarar-Schrein. Der Tempelverband ist von einem Wall mit vier massiven neungeschossigen *Gopurams* umgeben. Im Inneren des Tempels gibt es lange Korridore und überdachte viereckige Höfe mit etwa 2.000 Steinsäulen, geschmückt mit Wandmalereien mit Episoden aus dem Leben der Götter.

Die Pilger passieren auf Prozessionsstraßen die Bilder großer Helden der Hindu-Epen, der *Mahabharata*, und halten oft an, um kleineren Göttern zu opfern. Der Weg ins innerste Heiligtum wird in der Länge der Gänge gemessen, die durch ihre zahllosen Windungen noch gesteigert wird. Bevor sie die inneren Schreine betreten, müssen die Gläubigen im goldenen Lotusbecken ein rituelles Bad nehmen.

OBEN *Das goldene Lotusbecken, in dem der Gott Indra Blumen gepflückt haben soll, um sie Shiva zu schenken. Die Pilger baden in dem Becken, um sich für das innere Heiligtum zu reinigen.*

OBEN RECHTS *Einer der langen Gänge im Minakshi-Tempel. Auf den Säulen sind Steinskulpturen von Göttern und mythologische Figuren.*

GROSSES BILD GEGENÜBER *Ansicht des Minakshi-Tempels mit den Gopurams. Man schätzt, dass auf diesen Toren mehr als 30 Millionen Reliefs sind. Die größeren Gopurams bilden die Außengrenze des Tempels; die kleineren stehen innerhalb des Geländes. Die goldene Kuppel ist der zentrale Schrein, zu dem alle Pilger ziehen.*

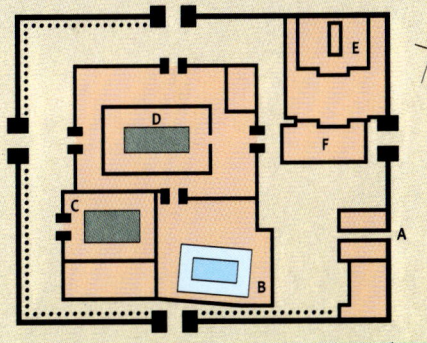

OBEN *Der äußere Kreis des Minakshi-Tempels ist von vitalem Leben, geschäftigem Treiben und Energie erfüllt, und erinnert eher an einen Markt als an einen Tempel. Hier kaufen die Pilger Opfergaben für ihre* Puja *(Anbetung) im inneren, heiligeren Bereichen des Tempels. Zur* Puja *gehören Kokosnüsse, Ghee (geklärte Butter), Blumengirlanden, Milch und Weihrauch.*

OBEN *Vereinfachter Grundriss des Tempels mit den wichtigsten Elementen: (A) Haupteingang; (B) goldenes Lotusbecken; (C) Minakshi-Schrein; (D) Shiva-Schrein; (E) Halle der tausend Säulen; (F) Nandi-Pavillon (Shivas Berg, Bulle). Die neun Gopurams in der Außenwand und zu den inneren Schreinen sind schwarz gekennzeichnet.*

Buddhistische Tempel

Der historische Buddha, Siddhartha Gautama, lebte im 6. Jh. v. Chr. in Nordindien, wo auch der Buddhismus entstand. Nach seinem Tod verbreitete sich die Religion in Asien, passte sich neuen Gegebenheiten an und beeinflusste Kunst und Architektur. Die ersten Mönche versammelten sich um kuppelförmige *Stupas* mit den Reliquien Buddhas. Später entstanden daneben *Chaityas* (Tempel oder Versammlungshallen) und *Viharas* (Klöster).

Der Tempel ist das buddhistische Hauptheiligtum, in dem die Laien an Gottesdiensten teilnehmen und Opfer darbringen. Er ist oft Teil eines größeren Komplexes, etwa eines Klosters, in dem sich Mönche auf Meditation und Selbsterleuchtung konzentrieren. Ein wichtiger Teil der buddhistischen Lehre ist die Großzügigkeit, das Geben von *Dana* (Spenden), wodurch der Spender seine spirituellen Verdienste vermehrt, die im Kreislauf der Reinkarnation zu besseren Wiedergeburten führen. Am Altar der Tempel bringen die Gläubigen mit Gesang und Gebet Lebensmittelopfer, Weihrauch oder Blumen dar.

Viele Tempel haben einen *Mandala*-Grundriss (siehe S. 12–13), wodurch der Kosmos durch das Gebäude abgebildet wird. In Angkor Thom, Kambodscha, stellt der große Haupttempel den Berg Meru, die kosmische Achse dar, der ihn umgebende Graben den Urozean.

Buddhistische Tempel beinhalten meist viele Bilder für Anbetung und Lehre. Viele alte Tempel, wie Ajanta in Indien und Dun Huang in China, waren aus dem Felsen gehauene Höhlen mit großen Buddhareliefs oder Wandmalereien mit Szenen aus seinem Leben. In der Theravada-Tradition (die konservative südliche Schule des Buddhismus) zeigen Statuen und Bilder Buddha in konventionellen Posen – lehrend, meditierend oder ruhend. Die Gläubigen sehen dies als Stufen auf Buddhas Weg zum *Nirwana* (Erleuchtung). Die gottesfürchtigere der beiden Haupttraditionen, Mahayana, kennt *Bodhisattvas*, erleuchtete Wesen, die versuchen, andere zum *Nirwana* zu führen. Mahayana-Tempel beinhalten die Bilder solcher Figuren und ein Pantheon von Heiligen und gütigen und bösen Göttern.

Die Shwe-Dagon-Pagode, 14./15. Jh., in Rangun, Myanmar (Burma), wird von einer vergoldeten Stupa *dominiert und umfasst viele kleinere Schreine mit einzigartigen Turmspitzen.*

DIE *STUPA*

Die kuppelförmige *Stupa* ist das wichtigste buddhistische Monument. Abgeleitet von alten Königsgräbern wurde die *Stupa* von den Buddhisten als Reliquiar übernommen. Nach dem Tod und der Verbrennung Buddhas (der Legende nach blieb keine Asche zurück), wurden alle Überreste auf zehn Orte aufgeteilt. Über jeder Reliquie wurde ein geweihter Hügel oder *Stupa* errichtet. Später wurden *Stupas* für die Reliquien anderer Heiliger gebaut.

Die *Stupa* verkörpert eine komplexe Symbolik. Unmittelbar mit dem Tod Buddhas verbunden ist sie das höchste Monument seines *Parinirvana* – seiner finalen Transzendenz. Die Kuppel symbolisiert das *Nirwana* (Erleuchtung, Befreiung von weltlichen Wünschen und Leiden); sie ist auch ein symbolischer Berg (siehe S. 22– 23). Pfahl oder Spitze auf der Kuppel beziehen sich auf die kosmische Achse, den *Bodhi*-Baum, unter dem Buddha Erleuchtung fand. Daher bedeutet sie Buddhas Mitgefühl. Die quadratische Basis stellt moralische Zurückhaltung dar.

Der *Stupa*-Kult breitete sich seit dem 3. Jh. v. Chr. unter Kaiser Ashoka aus. Viele wurden mit Reliefs bedeutender Ereignisse im Leben Buddhas verkleidet; ganz frühe *Stupas* stellten seine Gegenwart nur symbolisch dar (ein Rad, ein *Bodhi* -Baum, eine Miniatur-*Stupa*).

Die Elemente der *Stupa* variieren. In Nepal haben manche *Stupas* – wie in Svayambhunath, Katmandu – eine dreizehnstöckige Turmspitze auf der Kuppel, die Darstellung der dreizehn buddhistischen Himmel, und eine vergoldete quadratische Basis mit einem Paar riesiger Augen an jeder Seite, Symbol des alles sehenden Buddhas. In Pagan, Myanmar (Burma), haben *Cetiya*-Tempel glocken- oder trommelförmige *Stupas* mit einer Stufenpyramide als Basis und mit einer Turmspitze. In Thailand hat die *Stupa* oft die Gestalt einer Lotusknospe mit goldener Spitze.

Die busenförmige *Stupa* (*Dagoba*) in Sri Lanka ist weiß gestrichen und wird mit Muttermilch assoziiert. Im Singhalesischen ist das Wort für Reliquie, *Dhatu*, auch das Wort für Samen. Die *Stupa* symbolisiert also die männliche und weibliche regenerative Kraft.

Große Stupa von Sanchi, Indien (3. Jh. v. Chr.), erbaut von Kaiser Ashoka, der zum Buddhismus konvertierte, nachdem ihn das Blutbad einer Schlacht zum Verständnis von Buddhas Leidenslehre führte.

Wat Arun, Bangkok

Thailand wurde bis Mitte des 13. Jh. von den hinduistischen Khmer beherrscht, und obwohl der Buddhismus die Vorherrschaft gewann, ist die Thai-Architektur stark von den Khmer beeinflusst. Ziegel und Holz ersetzten die Steine der Khmer als Ausdruck der buddhistischen Lehre der Vergänglichkeit der Dinge, und geben dem Tempel das Licht und den märchenhaften Effekt, für den er berühmt ist. Wat Arun (der Tempel der Morgenröte), am Fluss Chao Phraya, wurde Mitte des 19. Jh. vollendet, ist aber ein elegantes Beispiel des in der Ayutthaya-Epoche (1350–1767) übernommenen Khmer-Tempelstils.

In seinem Zentrum steht ein *Prang* – ein großes, turmartiges Monument, oben abgerundet, das Nischen mit den Reliquien oder Bildern Buddhas oder Heiliger enthält. Der *Prang* stellt die 33 Himmel oder 33 Stadien dar, die durchlebt werden müssen, um zur Vollendung zu gelangen; seine Gestalt ist auch eine Anspielung auf den Berg Meru, die kosmische Achse. Eine steile Treppe führt an jeder Seite des Turms nach oben. Drei Terrassen, die die drei Welten der buddhistischen Kosmologie symbolisieren, erlauben ein Umrunden auf jeder Ebene. An den Ecken des Tempelkomplexes stehen vier kleinere *Prangs* mit Statuen des Windgottes. Mit seinem großen Hauptturm und der vielfarbigen Dekoration erhielt der Tempel den Schutz des Königshauses und wurde zu einem Symbol für Tailand selbst.

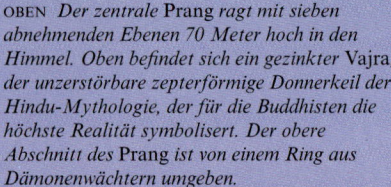

OBEN *Der zentrale* Prang *ragt mit sieben abnehmenden Ebenen 70 Meter hoch in den Himmel. Oben befindet sich ein gezinkter* Vajra, *der unzerstörbare zepterförmige Donnerkeil der Hindu-Mythologie, der für die Buddhisten die höchste Realität symbolisiert. Der obere Abschnitt des* Prang *ist von einem Ring aus Dämonenwächtern umgeben.*

OBEN *Die Außenwände von Wat Arun sind mit bunten Keramiken dekoriert – Stücke gebrochener chinesischer Fliesen, die von den Gläubigen gespendet wurden – eine Anspielung auf die mythische Welt des Bergs Meru. Diese aufwändige Dekoration geht auf den Hindu- (Khmer-) Glauben zurück. Die Elemente des Tempels sollten die Schönheit des Himmels reflektieren.*

OBEN *Der Tempelkomplex von Wat Arun liegt am Ufer des Flusses Chao Phraya – auch, weil in der traditionellen Architektur des Thai-Buddhismus der* Viharn *(oder* Vihara, *die Bet- und Versammlungshalle) der Mönche zum Wasser blicken soll. Dies ist nicht nur ein Echo des den Berg Meru umgebenden Urozeans, sondern auch eine Reflexion der Tatsache, dass der* Bodhi-Baum, *unter dem Buddha Erleuchtung fand, an einem Fluss lag.*

Um die (hier nicht erkennbare) Versammlungshalle der Mönche führt ein Arkadengang mit einer Reihe goldener, 1,5 Meter hoher Statuen Buddhas; diese Arkaden sind als Ort der Stille und Meditation für die Mönche gedacht. Im Westen des Hauptturms steht ein Prasad, *eine elegante, für die Anbetung der königlichen Familie bestimmte Halle, wie man sie auch in vielen anderen Thai-Tempeln findet.*

RECHTS *Am Fuß jeder Treppe befindet sich ein* Mandapa *(Vorhalle oder Pavillon). In jedem ist ein Bild mit der Darstellung eines wichtigen Ereignisses im Leben Buddhas – Geburt, Meditation, Predigt und Tod.*

Synagogen und der Tempel des Salomon

Der Tempel, das Haus Gottes, wurde von König Salomon im 10. Jh. v. Chr. in Jerusalem aus Stein gebaut – an jener Stelle, wo der Patriarch Abraham seinen Sohn Isaak opfern sollte. Eine Haupthalle führte in das innere Heiligtum mit der Bundeslade. Rituale wurden von den erblichen Priestern oder *Kohen* geleitet, und wie bei anderen Tempeln im Nahen Osten und dem Mittelmeerraum mussten gewöhnliche Gläubige draußen beim Altar bleiben, an dem Brandopfer dargebracht wurden.

Zwei orthodoxe Juden an der Klagemauer in Jerusalem. Nur sie blieb vom ursprünglichen Tempel übrig.

Der Tempel war das Zentrum des religiösen Lebens der Juden. Nach seiner Zerstörung durch die Babylonier 586 v. Chr. wurde er wieder aufgebaut, doch 70 n. Chr von den Römern endgültig zerstört. Eine Wand blieb erhalten, die „Klagemauer". 691 wurde der Tempelberg zur moslemischen Moschee, dem Felsendom (siehe S. 141).

Die Synagoge („Versammlung") beruht auf einem anderen Konzept – sie verbreitete sich erst nach der endgültigen Zerstörung des Tempels als Teil einer auf die Rabbiner („Lehrer") statt auf die *Kohen* gestützten demokratischen Bewegung. Die Synagoge ist kein geweihtes Gebäude, da Gott nicht dort residiert, wie er es im Tempel tat. Ein Wohnzimmer oder ein gemieteter Kinosaal können als Synagoge dienen. Permanente Gebäude sind oft nicht formell strukturiert, sondern lehnen sich an den Stil der örtlichen moslemischen oder christlichen Mehrheit an. Es kann eine rabbinische Schule (*Midrash*) angeschlossen sein, da eine Hauptaufgabe der Synagoge das Studium des Talmuds (des Gesetzes und der jüdischen Überlieferung) ist. Orthodoxe Synagogen haben einen eigenen Raum oder eine Galerie für die Frauen, obwohl diese Einrichtung durch die jüdische Reformbewegung des 19. Jh. in ihren Synagogen abgeschafft wurde. Die Reformer führten auch als Er-

Der Stil der La-Ghriba-Synagoge auf Djerba, Tunesien, mit ihren arabischen Bögen und Mosaiken zeigt den Einfluss der lokalen islamischen Architektur.

DURA-EUROPOS

Die 1932 in Dura-Europos, einer römischen Festung in Syrien, ausgegrabene Synagoge revidierte die Annahmen über das frühe Judentum und zeigte, wie sehr sich die Synagoge seit 245 veränderte. Die Innenwände sind mit Malereien bedeckt. Die Rabbiner hatten den Judaismus noch nicht standardisiert – Abbildungen des Menschen wurden frei verwendet und jüdische Malereien biblischer Geschichten dürften das frühe Christentum stark beeinflusst haben. Ganz in der Nähe grub man auch eine christliche Hauskirche aus.

Die Malereien von Dura-Europos umfassen auch Tierbilder, Theatermasken und Episoden aus der Bibel.

gänzung des traditionellen unbegleiteten Gesangs die Orgel ein.

Zentrum des Rituals ist der Thoraschrein, ein Schrank mit den Thorarollen (den ersten fünf Büchern der Bibel, die Gott Moses auf dem Berg Sinai offenbarte). Die Thora, oft reich mit Silber verziert, ist jedoch kein Anbetungsgegenstand. Sie wird verehrt, da sie das Wort Gottes enthält, der das einzige Objekt der Anbetung ist. Das zeigt sich in der Ausrichtung der Synagoge; der Thoraschrein ist an jener Wand, die nach Jerusalem weist. Neben dem Schrein befindet sich ein Podium (*Bimah*), wo Teile der Thora gesungen werden.

Wie im Islam darf Gott (Jahwe) nicht abgebildet werden – ein Verbot, das in biblischer Zeit den Kontrast zu den benachbarten, Götzenbilder anbetenden Stämmen betonen sollte. Die Dekoration einer Synagoge ist oft abstrakt geometrisch, mit hebräischer Kalligraphie.

Viele mittelalterliche Synagogen in Europa wurden entweder zerstört oder zu Kirchen umgebaut. Bedeutende Synagogen blieben in Prag, Amsterdam, Toledo, Krakau, Regensburg und Budapest erhalten. Die von den Nazis zerstörte Synagoge von Worms aus dem 12. Jh. wurde originalgetreu wieder aufgebaut.

Der Wechsel vom Anbetungs- zum Versammlungort stand auch mit einem Wechsel der Architektur in Verbindung. Die Kommunikation mit Gott durch Tieropfer im Tempelhof wurde ersetzt durch das Betonen rechtschaffenen Handelns in Übereinstimmung mit der Thora. Der Tempel jedoch bleibt ein mächtiges Symbol und dient auch in seiner Abwesenheit als Fokus der jüdischen Sehnsucht im Exil. Die Liturgie in der orthodoxen Synagoge ist immer noch auf die Erwartung des Messias, den Wiederaufbau des Tempels und den Neubeginn seines Rituals ausgerichet.

Beth Sholom, Pennsylvania

Beth Sholom ●Philadelphia

VEREINIGTE STAATEN VON AMERIKA

ATLANTISCHER OZEAN

Die Synagoge von Beth Sholom, einem Vorort von Philadelphia, wurde 1959 als Resultat fruchtbarer Zusammenarbeit zwischen dem Architekten Frank Lloyd Wright und dem damaligen Rabbi von Beth Sholom, Mortimer Cohen, eingeweiht.

Jeder Aspekt des Gebäudes hat seine innere religöse Bedeutung, jeder Ziegel ist bedeutungsvoll. Entworfen als Darstellung des Berges Sinai, des Ortes, an dem Gott Moses das heilige jüdische Gesetz offenbarte, hat die Synagoge die Form eines pyramidenartigen Berges. Gott erschien Moses als Licht, Beth Sholom scheint nahezu eine Verkörperung von Licht zu sein. Dach und

Wände sind aus weißem Glas und cremefarbenem Fiberglas, so dass bei Tag das Innere von ständig wechselndem Licht erhellt wird. Bei Nacht strahlt das Gebäude wie ein brennender Berg Sinai. An den drei Stahlträgern (Symbol der drei hebräischen Patriarchen), von denen das Dach getragen wird, sind sieben stilisierte *Menoras* (siebenarmige Leuchter) angebracht.

Im weiten Hauptraum erlaubt das Fehlen innerer Stützen einen luftigen, ungeteilten Raum, dessen egalitärer Charakter durch die 1.020 Sitze unterstrichen wird, die rings um den Thoraschrein angeordnet sind. Die Halle wird von einem zwölf Meter hohen Betonblock dominiert, der die Gesetzestafeln darstellt. Davor steht der Schrein aus schwarzem Nussholz mit zehn Thorarollen.

OBEN *Das bunte Glas des zentralen Leuchters symbolisiert die verschiedenen Farben, durch die sich Gott in der jüdischen mystischen Tradition (Kabbala) offenbart.*

LINKS *Über dem Thoraschrein befinden sich die „Flügel" aus Glas und Aluminium mit dem ewigen Licht, Symbol der Gegenwart Gottes. Darüber steht das hebräische Wort für „heilig".*

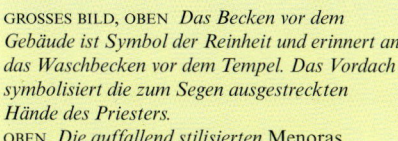

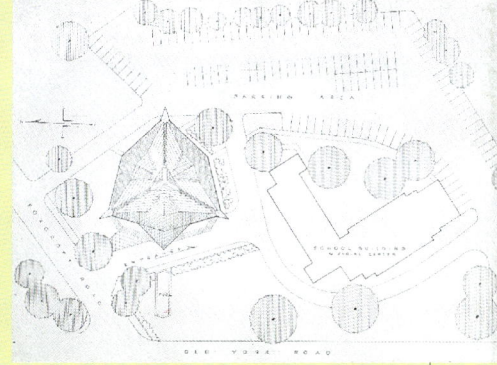

GROSSES BILD, OBEN *Das Becken vor dem Gebäude ist Symbol der Reinheit und erinnert an das Waschbecken vor dem Tempel. Das Vordach symbolisiert die zum Segen ausgestreckten Hände des Priesters.*
OBEN *Die auffallend stilisierten* Menoras *(siebenarmigen Leuchter) an den Trägern können von überall gesehen werden.*

OBEN *Einer von Frank Lloyd Wrights Original- plänen für Beth Sholom. Das leicht verzogene Sechseck symbolisiert die hohlen Hände eines Priesters, die beiden seitlichen Vorsprünge seine Daumen. Wright sagte: „Das Betreten eines sakralen Gebäudes sollte wie Ruhen in Gottes Hand sein". Die architektonischen Elemente seiner Synagoge tragen zu diesem Effekt bei.*

Mittelamerikanische Tempel

Mehr als 2.000 Jahre lang, bis zur Zerstörung der Aztekenhauptstadt Tenochtitlán 1525 durch die Spanier, blieb die Form und Anlage des mittelamerikanischen Tempels unverändert. Der Tempel stand auf einer Plattform auf der Spitze einer hohen Pyramide, die sich in mehreren Terrassen oder Stufen erhob. Am Fuß der Pyramide war ein Opferaltar, ein Platz oder Ballspielplätze.

Die Pyramide war meist quadratisch oder rechteckig. Auch konnte man sich dem Tempel von einer oder mehreren Seiten über monumentale Treppen nähern. Ursprünglich waren diese Treppen

in die Pyramide eingelassen, später ragten sie heraus und wurden prächtig verziert. Die großen Treppen wurden hauptsächlich von den Priestern verwendet; die Gemeinde versammelte sich unten um den Altar, an dem die meisten Opfer ausgeführt wurden. Einige Pyramiden hatten einen zusätzlichen Altar oben vor dem Tempel.

Die Hauptpyramide von Tenochtitlán war der Templo Mayor (Großer Tempel; siehe S. 64). Die Plattform auf der Spitze der Pyramide trug Zwillingstempel, die jeder einen Berg darstellten. Ein Tempel war Tlaloc, dem Regen- und Erdgott ge-

EIN WALD AUS WELTBÄUMEN

Während die Pyramiden der Tolteken und Azteken in Zentralmexiko den Eindruck gewaltiger Macht vermitteln, entwickelten die Mayas weiter südlich in Yucatán schlankere, aufwärts strebende Formen: Die Neigung der Mayapyramide und ihrer Treppen ist besonders steil. Die Pyramide erhob sich oft über einem Grab. Ihre Inschriften erzählten von alter Geschichte. Der Tempel war die kosmische Achse, an der der Weltbaum aus der Unterwelt Xibalba wuchs. Die vielen hundert Pyramiden, die sich aus den Dschungellichtungen zum Himmel erhoben, machten das Land der Mayas zu einem Wald von Weltbäumen.

Der Große Platz und Tempel II – das zeremonielle Herz der Mayastadt Tikal, Guatemala (Blütezeit ca. 300–800). Der Dachkamm des Tempels verstärkt den Eindruck von Höhe noch.

Die Mayastadt Palenque, Südmexiko, mit dem Tempel der Inschriften im Zentrum, dem Sonnentempel links und dem Palast rechts.

wölbte Grabkammer, in der der große König Pacal begraben wurde. Er trug eine Mosaik-Portraitmaske aus Jade, Symbol des Lebens. Auch anderswo, etwa in Tikal, Guatemala, fand man bedeutende Grabkammern.

weiht; er stellte den Berg der Versorgung dar. Der andere Tempel, dem Sonnen- und Kriegsgott Huitzilopochtli geweiht, stellte den Berg dar, auf dem der neugeborene Gott kämpfte und 400 seiner Halbbrüder erschlug, die ihn und seine Mutter töten wollten. Dies kann eine Metapher für den täglichen Kampf zwischen Sonne und Mond sein, dem Anführer von 400 Sternen.

Bei Sonnnenaufgang und -untergang schlug ein Priester auf der Plattform des Templo Mayor eine laute Trommel, die den Beginn und das Ende des Tagwerks in der Stadt verkündete. Der Raum zwischen den Zwillingstempeln war genau auf den Sonnenaufgang der Tagundnachtgleiche ausgerichtet, beobachtet vom Kreistempel des Schlangengottes Quetzalcóatl.

Manche mittelamerikanischen Pyramiden – hauptsächlich im Mayagebiet – wurden über einer unterirdischen Grabkammer errichtet. Wie bei den Ägyptern waren diese Pyramiden manchmal verstorbenen Herrschern geweiht. Der Mayatempel der Inschriften (7. Jh. n. Chr.) in Palenque, Mexiko, enthält eine ge-

Mittelamerikanische Architektur ist meist streng frontal ausgerichtet und für die Betrachtung von außen bestimmt. In Chichén Itzá aber (siehe S. 16–17) entwickelten Maya-Architekten eine Säulenhalle, die es ihnen erlaubte, einen Raum mit mehreren Gewölben zu umspannen und so mit hölzernen Trägern große Innenräume zu schaffen. Daraus entstand eine neue Konzeption der Architektur als innerer Raum, die beim Tempel der Krieger umgesetzt wurde – ein auf Grundniveau von Säulenhallen umgebener Pyramidentempel, der eine große Zahl von Menschen fasste.

Um 300–900 erreichte die Mayakultur ihren Höhepunkt – die Mayas brachten die mittelamerikanische sakrale Architektur zu höchster Vollendung, wie man bei der Skulptur von Copán und der bemalten Stukkatur von Palenque sehen kann. Die Mayas entwickelten ein Gewölbe aus Kragsteinen im Mauerwerk. Die Architektur der oft sehr kleinen, den Priestern vorbehaltenen Mayapyramiden betonte die Vertikale. Ihre Höhenwirkung wurde durch einen speziellen „Dachkamm" verstärkt.

Teotihuacan, Mexiko

GOLF VON MEXIKO

● **Teotihuacán**
■ Mexico City

MEXIKO

GUATEMALA
HONDURAS

PAZIFISCHER OZEAN

Dieser ausgedehnte, geheimnisvolle Ort liegt nordöstlich des modernen Mexiko-Stadt. Er wurde (ab *ca.* 100 n. Chr.) von einem unbekannten, womöglich mit den Nahua verwandten Volk erbaut. Die Stadt hatte einst bis zu 200.000 Einwohner. Wirtschaftliche Basis war die Kontrolle der Handelswege; die Bevölkerung wurde durch eine Bewässerungslandwirtschaft versorgt. Die Stadt hatte keine Befestigungen; in ihrer Kunst finden sich keine kriegerischen Motive. Die Gründe für ihren Untergang sind so mysteriös wie ihr Ursprung.

Im 7. und 8. Jh. wurden die monumentalen Tempel auf den Pyramiden systematisch niedergebrannt. Später wurde die verlassene Stadt von den Azteken mit Ehrfurcht betrachtet, sie gaben ihr ihren Namen: „Geburtsort der Götter". Sie glaubten, dass sich dort die Götter Nanahuatzin und Tecuciztécatl selbst geopfert hätten, zu Sonne und Mond wurden, und so die Fünfte Schöpfung vollbrachten, unsere Welt.

Die Stadt ist entlang einer zentralen nord-südlichen Allee angelegt, die mehr als 100 religiöse Gebäude umfasste. Archäologen konnten bis jetzt 2.600 größere, in einem dichten Netz angelegte Strukturen identifizieren, von denen jede einen eigenen Tempel hatte. An der Allee der Toten liegen viele Pyramiden, die mit grob verbundenen Steinblöcken verblendet und mit bemaltem Gips verputzt waren. Die Azteken nannten die bedeutendste davon Sonnenpyramide, die zweitgrößte Mondpyramide.

OBEN *Die Sonnenpyramide ist 63 Meter hoch; 2,5 Millionen Tonnen Material wurden für ihren Bau verwendet. Eine breite Treppe führt zu einer Plattform, auf der einst ein Tempel stand. Diese Pyramide veranschaulicht die wachsende Sorge um Pflege und Aufrechterhaltung alter Architektur. Wo die frühen Olmeken-Hügel (1200–900 v. Chr.) nur aus gepresster Erde und* luftgetrockneten Ziegeln gebaut wurden, waren *die weitläufigen neuen Pyramiden auf Dauer angelegt, mit Stützmauern aus Stein, die große Mengen an Erde und Schutt zusammenhielten.*
OBEN *Der steinerne Kopf des gefiederten Schlangengottes Quetzalcóatl an einer Wand seines Tempels. Quetzalcóatl-Köpfe wechseln mit denen des Regengottes Tlaloc ab. Die Er-*

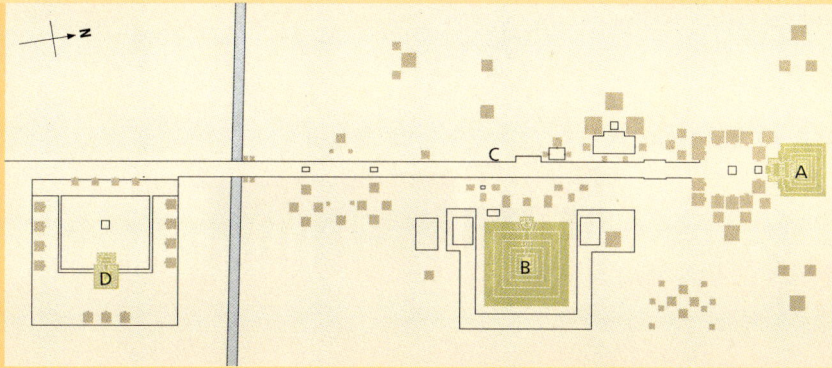

bauer von Teotihuacan betrachteten Quetzalcóatl als einen Gott der Natur, die Azteken iden-
tifizierten ihn mit dem Planeten Venus und als
Helden der Kultur (ein Wesen, das den Menschen in ihren anfänglichen Bestrebungen hilft).
GROSSES BILD, OBEN Die von den Resten
kleinerer Gebäude gesäumte Allee der Toten
führt zur Mondpyramide, die so wie viele andere
den Umriss des Berges dahinter nachbildet.

OBEN Plan der wichtigsten Tempel und
Pyramiden von Teotihuacan. Die Mondpyramide
(A) steht am Ende der langen Allee der Toten
(C), die zu einem Platz führt, der von kleineren
Pyramiden umgeben war. Die Sonnenpyra-
mide (B) liegt östlich der Allee; an ihrem
südlichen Ende befindet sich der Tempel von
Quetzlcóatl (D).

Griechische Tempel

Aus einer rauen Landschaft in Braun und Grün stachen die griechischen Tempel als weiße, kantige, geometrische Formen hervor, mit Rot und Blau untermalt. Die einer einzigen Gottheit geweihten Gebäude entstanden um 800 v. Chr. in vielen Formen, tendierten aber bereits zur rechteckigen Halle (*Megaron*). Die meisten der klassischen rechteckigen Tempel wurden zwischen 600 und 300 v. Chr. mit der Erfindung der Dachziegel und der Verwendung von Stein statt Holz errichtet. Der Gott „wohnte" meist in Gestalt einer großen Statue im Tempel, dessen Architektur sich parallel zur Skulptur entwickelte.

Die Götterstatue stand in der Halle, dem Heiligtum, und blickte nach draußen, meist nach Osten, so dass sie von der aufgehenden Sonne beleuchtet wurde. Die Gemeinde betrat das Heiligtum nicht, sondern versammelte sich davor um den Opferaltar, dabei durch den Eingang von der Götterstatue beobachtet.

Der griechische Tempel hatte keine Bögen, sondern Querbalken wie der ägyptische Tempel, und türmte unter Vermeidung horizontaler Akzente Gewicht über Gewicht. Das ursprüngliche *Megaron* wurde an allen vier Seiten von Säulenreihen (Peristyl) umgeben. Während die innere Halle eine feste Mauer mit nur einem Tor hatte, erzeugten die umgebenden Peristylen eine durchlässige und einladende Grenze zwischen innen und außen. Der Tempel war also kein nach innen führender Pfad wie der ägyptische Tempel und auch kein raumbetonter Behälter wie die Moschee. Das Gebäude lud eher dazu ein, es zu umkreisen. Mit seinen Dreiecken, Rechtecken und Zylindern war es eine Skulptur, die von allen Seiten betrachtet werden sollte. Die Architekten wurden oft von Bildhauern überwacht, deren künstlerische Visionen sie realisierten.

Der Tempel von Segesta, Sizilien, wurde nie vollendet, die Säulen nie kanneliert, es gab keinen Innenraum. Wie wir sehen können, wurden griechische Tempel von außen nach innen gebaut.

DREI ORDNUNGEN GRIE- CHISCHER ARCHITEKTUR

Die durch die Kapitelle der Säulen unterschiedenen Baustile der klassischen Architektur nennt man Ordnungen. Die drei wichtigsten – dorisch, ionisch und korinthisch – zeigen zunehmende Ornamentik. Jede wurde nach ihrer Herkunftsregion benannt. Sie verbreiteten sich aber in der antiken Welt und wurden Elemente des allgemeinen Architekturrepertoires, so dass Tempel Elemente mehrerer Ordnungen enthalten können.

Die dorische Ordnung ist die älteste und schlichteste, entstanden zwischen 1000 und 600 v. Chr. Dorische Säulen wurzeln direkt im Boden und haben schüsselförmige Kapitelle. Manche Forscher meinen, dass die Kannelierug die Papyrusbündel früher ägyptischer Tempelsäulen nachahmt, und das Kapitell den Holzblock, der das Bün- del zusammenhielt; andere glauben, dass die Kannelie- rung die Schläge der Krumm- haue beim Abrinden des Baumstamms darstellt. Die Säulen sind oft stämmig und wirken schwer und massiv. Im horizontalen Gebälk wechseln quadratische Platten mit Triglyphen – Platten mit drei vertikalen Rillen, die die Enden der Querbalken aus der Zeit der frühen Holztempel darstellen. Bedeutende dorische Tempel sind der Parthenon und der Theseustempel in Athen, der

Dorische Säulen am Poseidontempel in Paestum, Süditalien.

Ionisches Kapitell von den Ruinen des Tempels in Delphi, Griechenland.

Korinthisches Kapitell vom Odeon des Agrippa in Athen, Griechenland.

Poseidontempel in Paestum, Süditalien, und der Tempel der Athene in Syrakus, Sizilien – heute die katholische Kathedrale (siehe S. 156– 157).

Ionische Tempel tauchten Mitte des 5. Jh. v. Chr. auf. Sie haben schlankere Säulen mit Kapitellen, die wie Ranken, Widderhörner oder Wasserwirbel aussehen, und aufwärts strebende Energie suggerieren. Die Säulen stehen auf einem Sockel und sind eng kanneliert. Die Metopen und Triglyphen sind verschwunden und werden oft durch einen Marmorfries ersetzt. Der ionische Tempel ist also ganz in Stein entwor- fen und ausgeführt. Beispiele sind das Erechtheum in Athen und viele Tempel an der türkischen Küste (Ionien), wie etwa der Artemistempel in Ephesos.

Die korinthische Säule mit ihrem Akanthusblatt-Kapitell ist die baumähnlichste Säule. Der Sage nach sah ihr Erfin- der Kallimakhos (spätes 5. Jh. v. Chr.) diese Blätter um einen Korb mit Grabopfer- gaben gewunden. Kalli- makhos war ein Bronze- schmied, und das Kapitell hat tatsächlich eine metallische Note. Anders als das ionische Kapitell kann es von allen Seiten gesehen werden, was kunstvollere symmetrische Muster erlaubt. Die korin- thische Säule wurde beim Tempel des olympischen Zeus in Athen verwendet. Später fand sie weite Verbreitung und war wegen ihrer Fülle und Üppigkeit vor allem bei den Römern beliebt.

Der Parthenon, Athen

Der Parthenon war der Göttin Athene (Schutzgöttin Athens) als Jungfrau Athena Parthenos gewidmet. Der von Perikles in Auftrag gegebene Tempel wurde 447–432 v. Chr. im Hochgefühl des Sieges über die Perser erbaut. Er wird weithin als eines der harmonischsten Bauwerke Europas verehrt.

Der Parthenon krönt die Akropolis, den Stadthügel, und das Theater, in dem das erste klassische Drama aufgeführt wurde. Die geometrisch regelmäßigen Gebäude stehen unregelmäßig auf unebenen Felsen – das Gefühl der Harmonie entsteht nicht sofort, sondern erst bei näherer Betrachtung.

Die Fassade des Parthenons ist acht Säulen breit (statt der üblichen sechs) – das Auge kann sie daher nie auf ein Mal erfassen, sondern muss wiederholt hin und her wandern. Wie die scharfsinnige Göttin Athene, die er verkörpert, kann der Parthenon nie ganz erfasst werden.

Obwohl die Säulen dorisch sind, wirken sie sehr leicht. Mit ausgefeilten Berechnungen schufen die Architekten absichtlich Unregelmäßigkeiten, um einen gleichmäßigen Gesamteindruck zu erzeugen. Dadurch wird das Gefühl der Aufwärtsbewegung verstärkt – der ganze Tempel scheint sich dem Aufwärtsstreben des Hügels anzuschließen.

Der Parthenon blieb weitgehend intakt, bis er 1687 bei einem Bombardement durch venezianische Truppen schwer beschädigt wurde, und die heute bekannten Ruinen zurückblieben.

OBEN *Bei vielen griechischen Tempeln sind die Säulen um die Mitte herum etwas dicker, um den Eindruck einer Krümmung nach innen zu korrigieren. Beim Parthenon jedoch sind sie leicht nach innen geneigt, um den Eindruck zu vermeiden, sie würden nach außen kippen. Alle horizontalen Linien steigen zur Mitte leicht an, um dem Eindruck des Durchhängens entgegenzuwirken.*

OBEN *Reiter in der Schlacht, eine Szene aus dem Parthenonfries. Die Architekten des Parthenon waren Untergebene des Bildhauers Phidias, der das Gebäude als Ausstellungshalle für seine Skulpturen verwendete. Reliefs an der äußeren Kolonnade stellten Schlachten zwischen Göttern, Titanen, Amazonen und Kentauren, und zwischen den Griechen und Trojanern dar.*

Auch die Geburt der Athene aus der Stirn des Zeus wird gezeigt. An den äußeren Wänden der inneren Halle verläuft ein durchgehender Fries mit Darstellungen gewöhnlicher Athener Bürger bei einer Prozession zu Ehren der Athene. Viele Teile des Frieses sind heute im British Museum in London – die „Elgin Marbles". Griechenland kämpft um die Zurückgabe.

OBEN Trotz seiner Schäden dominiert der Parthenon den Akropolishügel und ist über der

Stadt Athen allgegenwärtig. Links im Bild sieht man die Überreste der Propyläen, des Tors, das zum heiligen Bezirk der Akropolis führte. Die bei Sonnenaufgang beginnenden Prozessionen des Festes zu Ehren der Athene wanden sich den Weg zum felsigen Hügel hinauf, durch die Propyläen und in den heiligen Bereich, in dem sich neben dem großen Parthenon auch kleinere

Tempel, Statuen und frei stehende Altäre befanden.

OBEN Querschnitt einer Rekonstruktion des Parthenons aus dem 19. Jh. Im Naos (innere Kammer) stand die riesige Athenestatue von Phidias aus Elfenbein und Gold. Die als Kriegerin dargestellte Göttin trug einen Helm und hielt Schild und Speer in der Hand.

Römische Tempel

Der Tempel des Bacchus in Baalbek, Libanon (ca. 150–200 n. Chr), steht auf einer typisch römischen, hohen Plattform, hat aber ein ungewöhliches griechisches Peristyl mit frei stehenden Säulen.

Frühe römische Tempel waren von den Etruskern (8.–3. Jh. v. Chr.) beeinflusst, die ihre Tempel auf sehr hohe Sockel stellten, so dass sie nur über eine Treppe an der Vorderseite betreten werden konnten. Auch als die Römer in direkten Kontakt mit den Griechen kamen, behielten ihre Tempel diese hohe, imposante Front. Waren griechische Tempel für den Anblick von allen Seiten entworfen, so wirkten viele römische Tempel fast zweidimensional, mit Stufen und Säulen nur an der Vorderseite. An den Seiten waren die Säulen angebaut oder sogar in die Wände des innneren Raumes (*Cella*) eingelassen, der die gesamte Breite des Sockels beanspruchte, auf dem der Tem-

pel stand. Die Vorhalle war oft mehere Säulenreihen tief und erzeugte einen hohen, dominierenden Eindruck.

Der Grundriss des römischen Tempels folgt meist dem griechischen Rechtecktempel mit einem offen Altar, auf dem Brandopfer dargebracht wurden. Die Gläubigen blieben vor dem Eingangstor. Die Ähnlichkeit mit dem griechischen Tempel ist aber nur oberflächlich. Römische Ingenieurskunst erlaubte die Entwicklung neuer Techniken – man dachte nicht mehr nur in Rechtecken und Dreiecken. Die Erfindung von Beton und Bögen ermöglichte die Konstruktion von Apsiden (halbkreisförmigen Nischen) für Götterstatuen; große

RUNDTEMPEL

Der Tempel der Vesta, einer der ältesten Tempel Roms, war ein kleines rundes Gebäude mit einem Ring korinthischer Säulen. Innen befand sich keine Statue der Göttin von Herd und Heim, sondern ihr heiliges Feuer, das von den sechs Vestalinnen unter einer Kuppel als Symbol des Himmels bewahrt wurde. Neben dem Tempel stand eine Eiche, an die die Jungfrauen ihr Haar hängten, das ihnen bei der Initiation abgeschnitten wurde. Sie verbrachten ein Leben in Keuschheit. Sogar am Höhepunkt der Kaiserzeit fand der Staatskult des Herdfeuers in diesem winzigen, nur mehr als Ruine erhaltenen Tempel, statt.

Der Tempel des Hercules Victor (erbaut 2. Jh. v. Chr., renoviert 1. Jh. n. Chr.) ist das älteste erhaltene Marmorgebäude in Rom.

Ein anderer Rundtempel ist der des Hercules Victor, der im Mittelalter zu einer Kirche umgebaut wurde, die heute Santa Maria del Sole geweiht ist. Dieser Tempel wurde wegen seiner ungewöhnlichen Gestalt oft mit dem berühmteren Tempel der Vesta verwechselt.

Innenräume wurden mit einer Kuppel gekrönt. Diese Elemente wurden später in der christlichen Basilika (siehe S. 124–125) fortgeführt. Solche Innenräume bedurften keiner Stützpfeiler. Obwohl also die Römer den griechischen Stilen folgten, und besonders die pompösen korinthischen Säulen liebten (siehe S. 117), dienten diese mehr der Dekoration als statischer Notwendigkeit.

Der römische Tempel kehrte daher den griechischen von innen nach außen, da die Tempel primär als innere Räume und nicht als nach außen orientierte Skulpturen enworfen wurden. Manche Innenräume waren sehr groß, obwohl jede formelle Anbetung draußen am Altar blieb. Die Gebäude wurden oft für politische oder administrative Versammlungen verwendet. Das Innere wurde die wichtigste Kunstform der römischen Architekten – sie erreichte ihre Vollendung im Pantheon (siehe S. 122–123).

Während der griechische Tempel in Beziehung zur Landschaft entworfen wurde, stand der römische Tempel im Verband einer zentral geplanten Stadt. Das unter Kaiser Augustus (27 v. Chr. bis 14 n. Chr.) in Rom erbaute Forum benutzte die Tempelfassade, um Aus- und Einblicke zu ermöglichen. Diese Reihe öffentlicher Gebäude galt als einheitlicher Ausdruck der Staatsmacht. Links und rechts davon waren Kolonnaden mit Geschäften. Der Blick nach vorne wurde vom Tempel des Mars Ultor auf einem massiven Sockel abgeschlossen. Das ganze Gebiet war von einer 30 Meter hohen Mauer umschlossen, die die bebaute und natürliche Umgebung dahinter verbarg und einen Innenraum im Freien schuf.

Das Pantheon, Rom

Das Pantheon in Rom wurde von Kaiser Hadrian um 117–128 erbaut. Eine klassische Vorhalle mit korinthischen Säulen führt in eine runde Halle oder Rotunde, überragt von einer gewaltigen Kuppel. Diese Kuppel ist eine perfekte Halbkugel, deren Radius ihrer Höhe gleich ist. In der Mitte befindet sich ein rundes Loch, der Oculus (Auge), zum Himmel hin offen, durch das Sonnenlicht, Regen und Schnee auf den Marmorboden fallen können.

Der Name „Pantheon" bedeutet, dass der Tempel „allen Göttern" geweiht war. Zur Zeit Hadrians vereinte eine solche Widmung eine weit größere Schar von Göttern, als dies in früheren, alten olympischen Tempeln der Fall war. Die römische Religion war für Einflüsse von außen offen. Sie beinhaltete neben den vergöttlichten frühen Kaisern auch nahöstliche Götter wie den persischen Mithras und den jüdischen Christus. Das gewaltige Ausmaß des Pantheons und seine Kreisform betonten die allumfassende Natur seiner theologischen und politischen Symbolik. Das Gebäude verkörperte eine gänzlich neue Vision des riesigen Vielvölkerreichs, vereint im römischen Zentralstaat und bewacht von jedem nur erdenklichen Gott.

Im Jahr 609 wurde das Pantheon als erster Tempel in Rom eine christliche Kirche, „allen Märtyrern" geweiht. Auch heute noch ist es eine Kirche – vermutlich das älteste durchgehend verwendete religiöse Gebäude der Welt.

LINKS *Heute ist das Pantheon eine christliche Kirche – die Nischen, in denen einst die römischen Götter standen, sind nun Kapellen und Gräber, in der Apsis steht der Hauptaltar.* OBEN *Die halbkugelförmige Kuppel besteht aus Beton, einer römischen Erfindung. Sie wiegt 5.000 Tonnen und wird von massiven, fast sechs Meter dicken Wänden getragen. Die Höhe der*

Trommel der Rotunde ist gleich ihrem Radius (ungefähr 22 Meter). Dieser wiederum ist gleich dem Radius der Kuppel. Wenn die Kuppel als Kugel fortgesetzt würde, würde sie den Boden gerade berühren. Das Innere ist ein allumspannender Raum ohne Brennpunkt, der dem Besucher zugleich das Gefühl der Unendlichkeit und großer Ruhe vermittelt. Als gewaltige planerische und handwerkliche Leistung verkörpert das Pantheon den Höhepunkt der römischen Ära.

OBEN Innenraum des Pantheon *von Giovanni Paolo Panini, ca. 1750. Dieses Gemälde des 18. Jh. zeigt, wie das Licht damals wie heute durch den Oculus fiel. Tagsüber war der Himmelsgott Jupiter in Form von Sonnenstrahlen gegenwärtig, die langsam über die dunkle Wand wanderten. Der Fußboden hat ein Gittermuster aus verschiedenfarbigem Marmor und Granit, von* überall im römischen Imperium stammend.

OBEN *Der Eingang des Pantheons ist eine Vorhalle mit korinthischen Granitsäulen mit einem schlichten Giebel. Die Inschrift bezeichnet Marcus Agrippa als Erbauer – dies bezieht sich aber auf einen früheren Tempel (27 v. Chr.) an derselben Stelle. Nach dieser konventionellen Vorhalle wirkt die Kuppel noch atemberaubender.*

Kirchen

Die ersten Christen trafen sich in Privathäusern. Ihr zentraler Ritus war das gemeinsame Mahl – die Eucharistie – in Erinnerung an das Letzte Abendmahl Christi. Dieser Ritus blieb für die Anlage der Kirchen bestimmend. Nachdem das Christentum 313 die offizielle Religion des römischen Imperiums wurde, übernahmen die Christen die Basilika, vormals eine öffentliche römische Halle. Der vom Wort *Basileus* (König) abgeleitete Begriff wurde in der Verwendung des Gebäudes reflektiert, in dem man Gott als Herrscher des Himmels anbetete. Der Weg durch das Kirchenschiff führte zu Altar und Thron, auf dem der Bischof saß – eine Praxis, die erst im Mittelalter aufgegeben wurde.

In Westeuropa war der Grundriss das lateinische Kreuz, Symbol des Kreuzes Christi. Ein langes Schiff führte von Westen zu einem kürzeren Altarraum. Die Arme des Kreuzes wurden vom Querschiff gebildet. In großen Kirchen und Kathedralen entstanden Seitenkapellen, Wandelgänge und Bereiche für Mönche und Pilger. Um diese Grundform entwickelte sich eine reichhaltige Symbolik. Das nördliche Querschiff, assoziiert mit Dunkelheit, Kälte und dem Bösen, wurde mit Szenen aus dem Alten Testament dekoriert; das südliche, assoziiert mit Licht und Wärme, enthielt Szenen aus dem Neuen Testament. Der Weg durch das Kirchenschiff symbolisierte den Übergang vom profanen zum heiligen Raum, vom Tod zum ewigen Leben (siehe S. 134–135). Dieses Bild wurde durch den beim Eingang aufgestellten Taufbrunnen noch verstärkt, den Beginn des christlichen Lebens.

Im östlichen Mittelmeerraum stellte die byzantinische Kirche die Kuppel als Himmelsgewölbe in den Mittelpunkt von Architektur und Kult (siehe S. 163, 166–167). Die Kuppel hatte eine zentrale Rolle inne, traditionellerweise basierend auf dem Grundriss eines gleicharmigen, griechischen Kreuzes. Der Altar blieb wichtig, wurde aber hinter einer Bilderwand aufgestellt. Seine verborgene Lage war mit mythischer Symbolik verbunden (siehe S. 46–47).

Kirchenarchitektur ist weltweit sehr unterschiedlich. Diese Kirche in Lalibela, Äthiopien (13. Jh.), ist aus dem Felsen gehauen.

*Die moderne evangelische „Crystal Cathedral"
in Los Angeles, aus Glas und Stahl, ist mit
Mikrophonen und Fernsehkameras ausgestattet.*

Die Spannung zwischen Ritual und Lehre findet ihren Ausdruck in der Architektur. Moderne protestantische Sekten betonen Kanzeln und Pulte dem Altar gegenüber; sie geben auch den Weg durch das Kirchenschiff zu Gunsten eines auditoriumartigen Grundrisses auf (siehe S. 68–73). Auch moderne katholische Kirchen folgen diesem Plan, der Altar bleibt jedoch Mittelpunkt.

Christliche Architektur reflektiert den Gegensatz zwischen Größe und Bescheidenheit, zwischen dem Reichtum etablierter Kirchen und den einfachen Privaträumen der ersten Christen. Die Schlichtheit des Versammlungshauses der Quäker (siehe S. 42) findet sich heute auch in protestantischen Missionshütten in Neuguinea und Afrika. Doch das Bild der königlichen Basilika ist nicht so weit entfernt: In einem einfachen baptistischen Versammlungshaus in Indien, in dem Männer und Frauen getrennt am Boden sitzen, predigt der Pastor von einem hölzernen Stuhl hinter einem mit Tüchern und heiligen Büchern bedeckten Tisch. Dies ist ein unmissverständlicher Widerhall der frühen Basilika, in der die Stellvertreter Christi auf Erden auf Thronen hinter dem Altar saßen.

CHRISTUS PANTOKRATOR

Die zentrale Kuppel der orthodoxen Kirche ist meist mit der Figur des Christus Pantokrator, Allherrscher, versehen. Christus erhebt seine rechte Hand zum Segen; die Hand zeigt zum Herzen – als Zeichen des inneren Wissens, das in einem offenen Buch in seiner linken Hand mit Zitaten aus den Evangelien zum Ausdruck kommt. Der Pantokrator betont Christi kosmische Rolle, nicht so sehr seine Menschwerdung; sein Heiligenschein enthält die griechischen Buchstaben für „Der Eine, der ist". Der Pantokrator stellt auch das byzantinische Konzept von Christus als Richter der Welt dar, vor dem alle Rechenschaft ablegen müssen. Seine Züge sind oft streng. Während westliche Bilder nach der Renaissance die Perspektive als Fenster zu einer Welt hinter den Figuren verwenden, sind byzantinische Figuren ohne Raum und Tiefe dargestellt. Der Gläubige, der in die Kuppel blickt, ist kein Zuschauer, sondern ein direkt mit seinem Herrn konfrontierter Diener.

*Die Figur des Christus Pantokrator in der Apsis
der Kirche von Monreale, Sizilien (13.Jh.).*

St. Peter, Rom

Die große Basilika von St. Peter in Rom wurde 1506 von Papst Julius II. als Ersatz für die veraltete und reparaturbedürftige Peterskirche als Symbol des päpstlichen Rom in Auftrag gegeben. Donato Bramante, Architekt der Hochrenaissance, begann den Bau der neuen Kirche nach dem Grundriss eines symmetrischen griechischen Kreuzes mit einer großen Kuppel über dem Grab des heiligen Petrus.

Bramante starb 1514, die Konstruktion ging kaum voran, bis 1546 Michelangelo als Architekt bestellt wurde. Er modifizierte den ursprünglichen Plan durch Innovationen wie gigantische zweigeschossige Säulen, hielt aber an der Idee der zentralen Kuppel fest. Bei seinem Entwurf wurde er von Filippo Brunelleschis (1420–1436) doppelschaliger Kuppel des Doms von Florenz mit ihren eleganten Segmenten und Rippen inspiriert. Michelangelo starb 1564 und erlebte die Errichtung seiner Kuppel nicht. Die heutige, leicht spitze Struktur eine Modifikation der Halbkugelform, die er bevorzugt hätte; sie wurde 1590 von Giacomo della Porta vollendet.

1607 überarbeitete Carlo Maderno den Entwurf und verwendete den traditionellen Grundriss des lateinischen Kreuzes. Er fügte ein Langschiff hinzu und vergrößerte dabei das Ausmaß der Kirche, die nun mehr Besucher fasst. Maderno errichtete auch die Fassade. Der letzte Architekt war ab 1629 Gianlorenzo Bernini. Der große Barockarchitekt gestaltete auch den Platz davor.

OBEN *140 Heiligenstatuen stehen über den Säulen von Berninis eleganter Kolonnade.*
LINKS *Bernini wurde 1629 Architekt von St. Peter, als die klassische Ausgeglichenheit der Renaissance den Weg für das dekorative Barock ebnete. Berninis Meisterwerk in St. Peter war der Baldachin im Schnittpunkt der vier Arme des Kreuzes über dem Grab des heiligen Petrus.*

Dieser gefranste Baldachin aus Bronze erhebt sich über dem Hochaltar wie leicht schwebend fast 30 Meter hoch. Getragen wird er von vier gedrehten Säulenpaaren mit Ölbaumblättern, die von Engeln gekrönt sind.

RECHTS *Der Blick ins Innere zeigt das Langschiff mit seinem Tonnengewölbe und den Baldachin unter der großen Kuppel. Der Innenraum ist reich mit Skulpturen und Gemälden von Heiligen und allegorischen Figuren geschmückt.*

OBEN *Blick auf die Basilika und den Platz.* Vor seinem Tod entwarf Michelangelo für den Dom eine Säulenvorhalle und eine Tempelfront. Maderno adaptierte den Plan und integrierte die Tempelfront in den Entwurf seiner Fassade; er sah fünf Türen für die in die Eingangshalle strömende Menge vor.

Bernini begann seine weitläufige Kolonnade 1656. Papst Alexander VII. beauftragte ihn, einen Platz zu schaffen, der der großen Kirche würdig ist, groß genug, die Pilgerscharen aufzunehmen. Bernini nahm die Säulen der Fassade zum Modell, bildete sie nach, und ergänzte sie mit gedeckten Portiken kleinerer Säulen. Bernini bezeichnete die zwei halbkreisförmigen Arme der Kolonnade als die mütterlichen Arme der Kirche.

Grenzen, Schwellen und das Zentrum

In der sakralen Architektur ordnen die Menschen die von der Natur zur Verfügung gestellten Materialen so an, dass ein spezieller Raum entsteht, in dem sie dem Göttlichen begegnen können. Dieser Raum wird vom alltäglichen Raum draußen in ähnlicher Weise abgegrenzt, wie in der Religion das Problem des Bösen und des Menschlichen Leids gemeinhin als Ausdruck der Trennung des Menschlichen vom Göttlichen oder von der Weisheit gesehen wird. Das Ziel von Religion – die Wiedervereinigung mit der Gottheit – spiegelt sich in der Struktur sakraler Gebäude wider, die den Gläubigen einladen, durch sie hindurch von einer äußeren, säkularen Welt durch Tore und über Pfade zum Zentrum zu gelangen – dem heiligsten Teil des Gebäudes. Der Zugang kann durch Barrieren und Monster bewacht sein – diese architektonische Darstellung symbolisiert die komplexe spirituelle Reise von der Trennung zur Einheit.

Der heilige Raum dieser Pueblokirche in New Mexico, USA, wird von der profanen Außenwelt durch ein Tor getrennt, dessen Struktur jene der Kirche nachahmt, und das selbst durch das Kreuz geheiligt und geschützt wird.

Innere und äußere Reiche

Durch das Markieren eines abgegrenzten Bereichs entsteht eine Unterscheidung zwischen dem was drinnen und dem was draußen ist. Das menschliche Bedürfnis nach Schutz wird mit einem mächtigen und verbreiteten kosmologischen Prinzip verbunden. In einer Wohnung kann die Grenze den privaten vom öffentlichen Raum trennen; am Rand eines Dschungeldorfs kann sie die Menschen von der Wildnis trennen. Die Tempelgrenze trennt einen heiligen, reinen und mächtigen Raum von einem gewöhnlichen und unreinen äußeren Bereich. Dieser innere Raum ist oft so heilig, dass er nur in Etappen erreicht werden kann, wenn der Besucher sukzessive Barrieren passiert, bevor er den innersten, heiligsten Punkt erreicht.

Man muss sich reinigen, bevor man diesen Raum betritt (siehe S. 62–63); oft ist der Zugang zum inneren Bereich auch nur speziellen Personengruppen erlaubt.

Die Unterscheidung zwischen inneren und äußeren Reichen gibt es sowohl im kleinsten als auch im größten Maßstab. In einer der elementarsten Formen sakraler Architektur, etwa bei vielen westafrikanischen Völkern, sitzt ein Wahrsager innerhalb eines Steinkreises, den sonst niemand betreten darf. Die Hütten eines Dorfs sind oft im Kreis angeordnet; ihre Eingänge blicken nach innen, die Zwischenräume werden von einem Zaun geschlossen, der das Hinein- und Herauskommen von Menschen, Tieren und Geistern kontrolliert. Die nordamerikanischen Cheyenne bilden ihre Kos-

BEFESTIGTE HEILIGTÜMER

Befestigte Heiligtümer findet man in vielen monastischen Traditionen, wie etwa dem tibetischen Buddhismus oder der griechischen Orthodoxie. In Europa ist das befestigte Heiligtum meist zugleich klösterliche Zuflucht vor der Welt und Sitz eines Ritterordens.

Die bekanntesten Beispiele sind die dem heiligen Michael geweihten Heiligtümer. Christliche Assoziationen von Michael als Erzengel und Freund der Pilger verschwimmen mit älteren heidnischen Legenden vom Drachentöter und Führer in die Unterwelt. Die ihm geweihten Heiligtümer befinden sich meist auf Felsspitzen oder Inseln. Ihre große Abgeschiedenheit – wie Skellig Michael vor der

Das befestigte Kloster von Mont St Michel (8. Jh.) vor der normannischen Küste, Frankreich, war ein bedeutendes Pilgerzentrum. Es ist mit dem Festland durch eine Dammstraße verbunden. .

irischen Küste, St Michael's Mount in Cornwall, England, und Sangra di San Michele in Piemont, Italien – hat in

hohem Maß mit der mystischen Auffassung zu tun, dass dort der Kontakt zu Gott spontan möglich ist.

Das Kloster Gyantse, Tibet, erbaut auf felsigem Grund. Die äußere Welt wird fern gehalten, die innere durch eine feste Mauer geschützt. Das Kloster diente der Gemeinschaft, kontrollierte sie aber auch.

mologie nicht nur in der inneren Struktur ihrer Tipis ab, sondern auch durch die Aufstellung ihres Lagers als ein nach Osten offener Kreis – in jene Richtung, von der durch die Sonne neues Leben kommt. In großen Reichen ist nicht nur das Haus, der Tempel oder die Stadt abgegrenzt, sondern auch das Reich selbst. Traditionelle chinesische Städte sind wie konzentrische Rechtecke; der Kaiserpalast befindet sich im innersten – eine Stadt in der Stadt. Ganz draußen markiert die Große Mauer die Grenze zwischen Zivilisation und Barbaren.

Äußere Reiche repräsentieren eine Macht, die gefährlich sein kann, die man sich aber auch zu Nutze machen kann. Ein dicht bevölkerter, urbanisierter innerer Bereich kann schäbig und unrein erscheinen, wenn er der Frische des Landes dahinter gegenübergestellt wird. Dies resultiert aus der modernen westlichen Wertschätzung der „Natur" und aus der weit verbreiteten Vorstellung von der Wildnis als ein Ort der Schlichtheit und spirituellen Reinigung, in der nur die Behausung des Eremiten oder die notdürftige Initiationshütte steht. Aus dieser Sicht ist die Wildnis eine Quelle der Kraft und Stärke, die in die Gemeinschaft zurückgebracht wird. In Indien etwa wird die Hütte des Walderemiten im Abschluss des Tempelturms reproduziert.

Die markanteste westliche Idee von Wildnis sieht diese als völlig unbewohntes Gebiet ohne Bauten. Meist sind aber spezielle spirituelle Kraftpunkte durch Schreine und Pilgerstätten architektonisch markiert.

Tore, Schwellen und Öffnungen

Tore, Schwellen und Öffnungen markieren den Übergang von einer Art des Raumes zum anderen. Das Überschreiten kann den Übergang eines Individuums von verschiedenen sakralen oder sozialen Stufen bedeuten. Der Hindugott der Schwellen ist zum Beispiel der elefantenköpfige Ganesh, seine Statue oder sein Bild wird oft bei Eingängen aufgestellt. Er ist aber auch der Gott des Anfangs und wird bei Beginn jeder wichtigen Unternehmung, sei es eine Hochzeit, eine Reise oder ein Geschäft, verehrt.

Das Tor eines Dorfhauses in der Provinz Kansi, China, bedeckt mit Glücksgebeten.

Öffnungen wie Türen und Fenster sind eine notwendige Einrichtung. Sie sind aber auch die verletzlichsten Teile des Gebäudes. Das Tor ist der Punkt, wo das Eintreten erlaubt und kontrolliert wird. Schwellen sind oft symbolische Barrieren solcher Öffnungen: Sie können mit Gebeten, Sprüchen und Segenswünschen markiert sein, um sicherzustellen, dass das Eintreten freundlich ist, und um den Raum darin zu schützen. Chinesen verwenden Geisterwände, um Dämonen abzuwehren. Auch Bilder können diese Funktion erfüllen: In buddhistischen Tempeln dienen furchterregende Masken über dem Tor, das Böse abzuwehren.

In Zentralnepal trennt der *Thelo* (Schwelle) die Veranda vom Innenraum. Spezielle Nägel werden in die Schwelle und in die Fensterbänke als Schutz gegen Hexen eingeschlagen. Als unrein geltende „Kasten" (Metzger, Moslems oder Christen) dürfen den *Thelo* nur ausnahmsweise überschreiten – das Haus muss nachher wieder gereinigt werden. In einigen arabischen Gebieten nimmt die Schwelle (*Atabe*) die Form eines langen Steins an, der eine Stufe bildet: Verschiedene Ebenen mar-

LICHTEINTRITT

Licht ist womöglich die fundamentalste Mertapher der islamischen Schriften. Der Koran sagt: „Gott ist das Licht des Himmels und der Erde." Im abstrakten Design der arabischen Architektur gibt es Figuren, die Quellen spirituellen Lichts darstellen

Das Spiel von Licht und Schatten am Steinfenster im Bernsteinpalast, Jaipur, Indien, bildet ein kunstvolles Muster von Sternen.

– Sterne, Lampen und Strahlen. Oft finden sie sich mit Versen aus dem Koran kombiniert an Türen, Fenstern und Gebetsnischen.

Bei den Berbern (S. 53) soll das Tor den ganzen Tag offen bleiben, damit das Sonnenlicht eindringt und Fruchtbarkeit bringt. Ein geschlossenes Tor bedeutet Sterilität; auf der Schwelle sitzen und das Licht abhalten, bedeutet Glück und Fruchtbarkeit auszuschließen. „Möge dein Tor immer offen sein" ist ein beliebter Segenswunsch.

kieren eine qualitative Hierarchie zwischen äußerem und innerem Raum (siehe S. 130–131). Beim *Atabe* zieht man die Schuhe aus, Besucher sollten sich waschen. Auch eine Identifikation zwischen Schwelle und Haus ist möglich – in der Mongolei gilt es als Aggression gegen die Familie, wenn jemand, auch unabsichtlich, die hölzerne Schwelle des Zeltes wegstößt.

Tore sagen ganz explizit aus, wer einen heiligen Raum betreten darf und wer nicht. Vom Tor der christlichen Kathedrale, an das der Erzbischof klopfen muss, über das Haus des Soravolks in Indien, wo die Helfer des Schamanen die Tür aufbrechen, um einem Baby den Ahnennamen zu bringen, bis zu den Toren der Klöster am Berg Athos, die von Sonnenuntergang bis Sonnenaufgang verbarrikadiert sind – Tore beeinflussen Identität und Zeit derjenigen, die eintreten wollen.

Um die Bedeutung dessen auszudrücken, was innerhalb des Gebäudes ist, bekommt das Tor oft besondere Bedeutung und wird durch Elemente wie Bögen, Pfeiler oder Portiken hervorgehoben. Viele Tore sind befestigt, auch wenn sie keinen militärischen Zweck erfüllen – sehr gut zu sehen in Europa, wo massive Kirchenportale mit Eisen verstärkt werden. In China war das Tor oft das Hauptelement des Gebäudes und wurde mithilfe von Gräben und Türmen geschützt. Der Kopf eines besiegten Feindes wurde unter dem Tor begraben und erfüllte es mit einer magischen Kraft; das kopflose Opfer wurde sein Schutzgeist.

Ein Tor öffnet sich nach außen zur Welt, aber auch nach innen, und dient als Ausgang. Die erste Stufe der arabischen Schwelle ist auch der Ort, an den ein Leichnam für eine Weile gelegt wird, wenn der Tote zum letzten Mal das Haus verlässt. In vielen Teilen der Welt wird der Abfall durch eine Hintertür weggebracht, den Anus des Hauses.

Tor eines Klosters in Tibet. Glück bringende und mythische Tiere werden mit Lotusblüten und -blättern verflochten, um die Gunst der Halle im Inneren zu steigern.

Pfade und Wege

In der Architektur ist der Weg das Mittel, mit dem Menschen sich in oder zwischen Gebäuden bewegen. Seine besondere Bedeutung, ob er nun zu einem zentralen Punkt führt, eine heilige Stätte umrundet oder natürlichen Linien folgt – hängt von der gesamten Struktur ab, der er angehört. Der Weg ist keine zufällige Verbindung zweier Orte, er ist Teil der Architektur, auch wenn er selbst nicht „gebaut" ist.

Die einfachsten Konstruktionen können Wege beinhalten; ihnen zu folgen, ist oft ein symbolischer oder mythischer Akt. Der Kreis von Stonehenge, England (siehe S. 14), mit seinen astronomischen Markierungen bildete mehrere Wege, wie dies auch bei den parallellen Pfaden zwischen den Steinreihen in Carnac, Frankreich (S. 84–85) der Fall ist. Der symbolische Hintergrund einer einfachen Kreisbewegung kann sehr komplex sein. Das Rundhaus (Hogan, S. 62) der nordamerikanischen Navajos wird durch einen Segen bringenden Gesang geweiht, bei dem die Teilnehmer im Uhrzeigersinn

Das Schiff der Canterbury Cathedral, England. Die zum Dachgewölbe reichenden Säulenreihen schaffen einen Weg, der die Augen und Schritte des Gläubigen zum Altar lenkt.

gehen und die Welt symbolisch umkreisen. Mit dem konkaven Boden, der die (weibliche) Erde darstellt und dem abgerundeten Dach des Himmels (männlich) umkreisen die Menschen den Herd und bewegen sich innerhalb der vier Dachpfosten – eine Bewegung, die auch den Lauf der Zeit von Sonnenaufgang bis -untergang darstellt.

Der heilige Weg ist auch in den großen Tempeln und Städten alter Zivilisationen von Bedeutung. Viele Mayastädte waren durch Prozessionsstraßen, den *Sacbés,* verbunden. Eine solche Straße auf der Halbinsel Yucatán verband die Städte Izamal, Uci, Uxmal, Kabáh und Cobá. Die Hauptstadt der Azteken, Tenochtitlán, auf einer Insel in einem See erbaut, verwendete Kanäle als Wege, um die Stadt nach einem göttlichen Ideogramm zu strukturieren. Vier konzentrische Wege – sie standen für die vier

Hauptgötter – bezeichneten die *Barrios* (Bezirke) der Stadt mit dem Zeremonienbereich im Zentrum. Die Stadt war so Abbild des Univerums.

Manchmal demonstriert der Weg auch göttliche Herrschaft. Zur Zeit des Neuen Reichs (1570–1085 v. Chr.) waren die Tempel im alten Ägypten durch Sphinxalleen, die Wege Gottes, verbunden. Widderköpfige Sphingen verbanden die Tempel von Amun und Khons im Komplex von Karnak (S. 90–91) – der Widder, ein Symbol der Schöpfungskraft war Amun geweiht. Die Prozessionsstraßen des Neuen Reichs mit den Pylonen, Kolossalstatuen der Pharaonen und den Obelisken aus rotem Granit betonten die Verbindung göttlicher und irdischer Macht.

Frühe Christen verwendeten das Kirchengebäude, um den spirituellen Weg des Gläubigen zu verkörpern. Dies wird im Schiff sichtbar, der Annäherung des Gläubigen an den Altar, ein Weg vom weniger heiligen Raum im Westen zum heiligsten Raum im Osten. Säulenreihen zu beiden Seiten vermitteln den Eindruck eines Weges; die von den Schiffen dahinter verliehene Tiefe lässt die Säulen wie Bäume einer Allee erscheinen. Die Form des Schiffes scheint den Gläubigen nach vorn zu ziehen. Auch Bodenmosaike tragen dazu bei – alles lenkt den Blick auf den Altar.

HEILIGE WEGE ZU DEN CHINESISCHEN KAISERGRÄBERN

Seit den frühen Dynastien führten Alleen, gesäumt von Wächterdarstellungen zu beiden Seiten, zu den Gräbern der chinesischen Kaiser und Generäle. Die ältesten Steinbilder sind die der Han-Dynastie (200–100 v. Chr.). Qualität und Form der Steine waren offenkundig: Sie symbolisierten die Dauer des Steins. Die Skulpturen ersetzten die lebende Ehrengarde, die den Weg des Kaisers in seinem Leben säumte und verliehen ihm einen permanenten Schutz im Tod. Die Allee folgte der natürlichen Landschaft, um die heiligen Kräfte der Natur zu nutzen (siehe S. 28–29). Mit ihren zahlreichen mythischen Kreaturen und Glück bringenden Bestien war sie Symbol der nächsten Welt.

Kamele und kniende Elefanten stehen an der Allee, die zu den Kaisergräbern der Ming–Dynastie in Nanjing führt.

Die südlichen Dynastien (420–589) entwickelten lebensnahe Skulpturen von vierbeinigen, Fratzen schneidenden, oft geflügelten Bestien, und scheinen sich hauptsächlich für deren übernatürliche Kräfte interessiert zu haben. In der Tang- und Song-Dynastie (7.–13. Jh.) umfassten die Alleen Figuren der lebendigen Welt, etwa Beamte und Offiziere. Auch heilige Kreaturen wie Löwen, kniende Elefanten (Symbol der Kraft) und Widder (kindliche Ergebenheit) kommen vor. Die Alleen der Tang und Song schaffen ein Bild der ganzen Welt, um die kaiserlichen Ahnen im Jenseits zu begleiten.

Höfe

Die Bedeutung von Höfen variiert je nach Gesellschaft sehr stark. Der Hof kann etwa eine Gemeinschaft von der Außenwelt abschließen – zur Bewahrung der spirituellen Reinheit; er kann auch ein Raum historisch geheiligter Macht oder Quelle häuslichen Lebens sein.

Es gibt die Meinung, dass der christliche Kreuzgang (siehe Kasten), ein Arkadenweg um einen Garten herum, schon in der Architektur des islamischen Ostens angedeutet wurde. Doch das Grundprinzip des Hofs der Moschee (*Sahn*) unterscheidet sich von der des Kreuzgangs. Ein dunkler Gang führt ins Sonnenlicht des *Sahn*, dessen vier Wände die vier Säulen symbolisieren, die die Himmelskuppel tragen. Der Hof ist also architekonisch mit dem Himmel verbun-

den. Im Zentrum des *Sahn* steht ein achteckiger Brunnen, Symbol des achteckigen Gottesthrons im Koran. Der Boden kann mit Marmorbildern von bewässerten Obstgärten dekoriert sein. Der gesamte Hof stellt das Paradies dar.

Der Kreml in Moskau ist der Hof einer Zitadelle; seine Mauern sind durch Türme und Tore unterbrochen. Er wurde als Sitz der heiligen Zaren geheiligt, denn dieser wurde beinahe als Gott angesehen. Der Kreml spiegelt die russische Ablehnung des modernen Europas wider: Seine massiven Mauern wurden im 17. Jh. errichtet, als Bewegungen gegen die Autokratie im übrigen Europa zum Abbruch von Stadtmauern führten. Mit seinen Kathedralen, Arsenalen, Gräbern, Ställen und Gärten

Der Arkadenhof der Großen Moschee von Damaskus, Syrien (ca. 706–715). Die Mauern der Moschee waren ursprünglich mit Mosaiken, wahrscheinlich eine Darstellung des Paradieses, bedeckt.

Der romanische Kreuzgang des Klosters Santo Domingo de Silos, Spanien (13. Jh.). Die Säulen tragen Reliefs mit biblischen Szenen, mythischen Bestien und abstrakten Mustern, die die Mönche bei der Meditation betrachten.

DER KREUZGANG

Der christliche Kreuzgang wurde als Ort der Meditation für Mönche entworfen. Im 11. Jh. wurde der Kreuzgang im Benediktinerkloster von Cluny, Frankreich, zum zentralen Element der Architektur, da eine zunehmende Zahl von Mönchen eigene Zellen haben wollte. Der gemeinschaftliche Schlafsaal wurde Ende des 14. Jh. fast überall aufgegeben; individuelle Zellen wurden an drei Seiten des Kreuzgangs gebaut und in einen Komplex mit den anderen Gebäuden integriert. Allmählich veränderte sich die Bedeutung des Kreuzgangs, da der Wunsch nach gemeinschaftlicher Meditation dem Bedürfnis nach Raum für individuelle Arbeit wich. Von ihren Zellen aus wurden Mönche oft öffentlich aktiv. Im 15. Jh. erhob im Kloster San Marco der Dominikanerbruder Savonarola von seiner Zelle aus ganz Florenz zum Aufstand.

bildet der Kreml eine eigene historische Zone, die mit dem restlichen Moskau nicht in Einklang stand. Vielleicht wurde dort deshalb nie eine Leninstatue errichtet, obwohl die Stadt mit ihnen übersät war. Die Leninstatue repräsentiert die zeitlose Zukunft des kommunistischen Ideals – die Planer erkannten wahrscheinlich, dass sie dem Gewicht der historisch legitimierten Heiligkeit des Kremls nicht standgehalten hätte.

In Westafrika ist der Hof die Quelle von Leben und Fruchtbarkeit. Bei den Aschanti in Ghana ist er die fundamentale Form traditioneller Architektur von Palästen, Schreinen und Häusern. Der Hof des Hauses reflektiert die zentrale Rolle der Familie in der Aschantigesellschaft. Die Höfe sind halbprivate Bereiche für die gemeinsamen Aktivitäten eines Haushalts. Ein heiliger Busch, Symbol des Lebens, ist im Zentrum gepflanzt. Der Tempelschrein spiegelt die-

ses Muster wider: Der einzige Eingang führt zu einem heiligen Hof, umgeben von Räumen mit verschiedenen Funktionen, darunter der Hauptraum und ein Trommelraum. Interessanterweise ist das Aschantigrab, das Reich des Todes, das architektonische Gegenstück zum Hof; unter einem hängenden Dach ist es nach allen Seiten offen.

Das Konzept des geschlossenen Hofs wird auch bei Stätten angewandt, die durch ihre Natur offen erscheinen. Die Zapotekenstadt Monte Albán, Mexiko, wurde auf einem Stufenhügel erbaut; der künstlich geebnete Platz (Mitte des 1. Jahrtausends n. Chr.) schafft aber trotz seiner geografischen Lage einen riesigen umschlossenen Bereich. Die Tempel am Rand des Platzes trennen ihn von den Abhängen, erlauben jedoch keine Sicht auf die Umgebung, sondern konzentrieren den Blick auf eine Gruppe von drei Tempeln auf dem Platz.

Labyrinthe und Spiralen

Das älteste bekannte Labyrinth stammt aus dem 19. Jh. v. Chr. Im alten Ägypten stellte es den Weg durch die Unterwelt dar. Labyrinthe sind auch im Buddhismus bekannt, wo sie verschlungene Pfade zur Erleuchtung symbolisieren. Das archetypische Labyrinth in der europäischen Kultur ist jedoch

Münze (1. Jahrtausend v. Chr.) aus Knossos mit dem Symbol des Labyrinths.

jenes aus der griechischen Mythologie, von Daedalus für Minos, den König von Kreta, erbaut (siehe S. 33). Dieses Labyrinth ist ein verwirrendes Durcheinander von Wegen, in dem Unvorsichtige verloren gehen, das aber den richtigen Weg zum Zentrum beinhaltet. Dem Mythos nach lauert der Minotaurus – halb Mensch, halb Stier – in den Tiefen des Labyrinths und verschlingt die ihm geopferten Jünglinge und Mäd-

chen. Theseus findet schließlich den Weg zum Zentrum und tötet die Bestie. Er findet mithilfe eines goldenen Fadens, den er vom Eingang weg abrollt, den Weg hinaus.

Das Labyrinth symbolisiert hier die Idee des Vordringens zum Zentrum durch einen initiatorischen Test der persönlichen Qualitäten. Es wurde daher mit spirituellem Fortschritt und Entdeckung des Selbst assoziiert. Das komplizierte, verschlungene Labyrinth bedeutet für die, die es verstehen, Ordnung der Dinge; aber Verwirrung für die Uneingeweihten.

Anders als sonst bei sakraler Architektur hat die unterste Ebene des Labyrinths die größte Macht inne. Archäologische Funde in Kreta lassen vermuten, dass das Labyrinth der Palast

Die Steinschwelle am Eingang des Ganggrabes von Newgrange, Irland (siehe S. 85). Die Doppelspiralen suggerieren gegenläufige Energieströme, durch die ein Zustand der Balance erreicht wird.

des Minos in Knossos war, dessen Thronraum eine heilige Höhle darstellte. Der Palast dürfte einen dem Leben geweihten oberen Sonnenabschnitt und eine untere, dem Tod geweihte Mondregion besessen haben – ein Abbild der Idee, dass Tod und Jenseits religiös bedeutender waren als das Leben. Schon das ägyptische Labyrinth hatte unter dem öffentlichen Kultbereich eine unterirdische Region für geheime Riten und Gräber, zu der Uneingeweihte keinen Zugang hatten.

Beim Suchen des Wegs durch das Labyrinth gleicht der Bewegungssinn dem einer Spirale, wie der Schriftsteller Jill Purce dies betonte. Der einzig richtige Weg, oft der des Pilgers, gipfelt in der Begegnung mit Gott. Die Idee der Labyrinthspirale, die sich selbst umschlingt, führte zu Bildern mit einer Zweiweg-Bewegung; mit Wahrheitssuchenden, die in eine Richtung gehen und Engeln oder göttlichen Boten in die andere. Mystiker betonen, dass das Ende der Spirale auch ihr Anfang ist, oder dass die Spirale ganz aus dieser Welt herausführt. Viele Kulturen messen auch wirbelnden Tänzen spirituelle Bedeutung bei, die extreme Erregung oder Trancezustände erzeugen. Die Idee der Bewusstseinserweiterung durch einen gewundenen Aufstieg wird in der ganzen Welt vertreten – am besten sichtbar am dynamischen Aufgang der Moschee von Samarra, Irak, 9. Jh., (siehe Einband).

DER EUROPÄISCHE IRRGARTEN

Die Idee des Labyrinths fasziniert das europäische Denken seit langem. Für die ersten Christen war der Irrgarten ein Symbol des Wegs der Unwissenheit, der von Gott wegführt. Seit dem 13. Jh. aber hat das Labyrinth eine positive Bedeutung als ein mit Hindernissen übersäter Pilgerpfad. Seit dem 17. Jh. wird das Labyrinth auch in säkularem Kontext reproduziert, etwa in den Irrgärten großer Villen, als Ausdruck des populären Interesses, den Weg zu einem Ziel zu finden.

Die Labyrinthspirale ist im Pflaster vieler mittelalterlicher Kathedralen dargestellt. In der Kathedrale von Chartres, Frankreich, ist das Labyrinth aus dem 13. Jh. so am Boden platziert, dass die westliche Fensterrose es genau abdecken würde, wenn man die Mauer auf den Boden klappte. Das Labyrinth hat nur einen Weg ins Zentrum. Es stellt die spirituelle Reise, den gewundenen Pfad der Seele durch das menschliche Leben dar, während die Fensterrose das Jüngste Gericht abbildet, das Schicksal der Seele nach dem Tod. Das Labyrinth am Beginn des Kirchenschiffs ist auch eine Barriere zum heiligen Bereich des Altars.

Die Rose im Zentrum des Labyrinths von Chartres soll über einer mächtigen Erdströmung liegen, die auf diejenigen einwirkt, die darauf gehen.

Das Zentrum

Das Zentrum ist kein geografischer Ort, sondern ein kosmologisches Konzept, das auf einen Ort spiritueller Kraft weist, an dem Raum und Zeit aufeinander treffen.

Im vertikalen Raum ist das Zentrum die Öffnung von einer Ebene zur anderen, in der Architektur oft als Säule, *Stupa*, Berg oder Himmelsleiter dargestellt. Altäre bilden so ein Zentrum, in dem ein Opfer von der Erde zu den Göttern kommen kann. Ein Zentrum kann auch abwärts führen – der zum Himmel reichende Felsen in Jerusalem hält in seiner Tiefe auch das Wasser des Chaos.

Der Küstentempel von Mamallapuram, Südindien (7. Jh. n. Chr.), ist auf einem Mandala-*Grundriss erbaut, der Turm im Zentrum stellt den Berg Meru dar.*

Im horizontalen Raum ist das Zentrum jener Punkt, der der organisierten und bewohnten Welt Orientierung bietet. Im alten China, in der Aztekenstadt Tenochtitlán und der Inkastadt Cuzco wurde die Stadt Zentrum der Welt genannt.

Beziehungen zwischen sakralen Gebäuden und dem Konzept des Zentrums können verschieden sein. Die Synagoge und die Moschee blicken jeweils zu einem einzigen geografischen Zentrum als Stätte eines historischen Ereignisses. Delphi hingegen wurde als „Nabel" der Welt angesehen (siehe S. 142–143), doch griechische Tempel waren nicht nach Delphi orientiert.

Viele Traditionen machen deutlich, dass das Zentrum nicht so sehr ein absolutes Konzept ist als vielmehr der Punkt, auf den das Leben, Denken und Tun einer Gemeinschaft ausgerichtet ist. In diesen Kulturen kann es viele Zentren geben – jede Stadt, jeder Tempel und jedes Haus hat seine eigenen Säulen, Altäre und Schreine. Mongolische Nomaden tragen ihr Zentrum sogar mit sich und errichten es jedes Mal neu, wenn sie ihr Rundzelt mit dem zentralen Herd unter dem Himmel führenden Rauchloch aufbauen (siehe S. 20–21).

Das Zentrum ist nicht nur ein räumliches Konzept, sondern auch ein Ausgangspunkt der Zeit. Die Walbiri-Aborigines in Australien stellen bei einer Fruchtbarkeitszeremonie einen reich geschmückten Pfahl in einem Loch im Boden auf. Wenn sich die Tänzer in einer Reihe konzentrischer Kreise auf den Pfahl zubewegen, nähern sie sich dem Kontaktpunkt mit der Traumzeit der Ahnen im tiefsten Teil des Lochs. In anderen Kulturen können Riten ein sakrales Gebäude beim Bau und der Einweihung ins Zentrum des Universums rücken. Ein solches Ritual fand vermutlich im alten Sumer bei der Weihe eines Tempels und seiner jährlichen Wiedereinweihung statt.

Diese Wiederholung in der Zeit und die Vielfalt im Raum zeigen, dass sakrale Gebäude zwar mächtige spirituelle Brennpunkte sind, aber eine gewisse Zentralität immer und überall hergestellt werden kann. Die Macht des Zentrums kann durch Bilder von Schreinen, Göttern und Heiligen in Wohnungen, Cafés und Bussen verbreitet und reproduziert werden. Sogar ein Körper kann Schrein und Zentrum sein – das *Mandala* dient nicht nur als Grundriss für Hindutempel, sondern kann auch mental internalisiert werden und so den Körper des Mittlers zu einem Mikrokosmos machen. Das Zentrum ist kein Gebäude, sondern ein Zustand des Geistes oder der Gnade. Wie das Labyrinth zeigt (siehe S. 138–139), ist die Reise zum Verstehen des Zentrums schwierig und gefährlich. Sakrale Architektur soll die Gläubigen zu diesem Ziel führen.

DAS UNVERRÜCKBARE ZENTRUM

Das Judentum hält wie der Islam (siehe S. 80–81, 96–97) an einem einzigen Zentrum für die große, über die ganze Welt zerstreute Glaubensgemeinschaft fest. Es war die Zerstörung des Tempels Salomons (siehe S. 108–109) und die darauf folgende Zerstreuung (Diaspora) der Juden, die zur historischen Grundlage dieser Unverrückbarkeit wurde. Keine andere Religion bewahrte ihre Konzentration auf ein Zentrum über solche historische Veränderungen hinweg. Ein rabbinischer Text, das Midrash Tanhuma, besagt, dass so, wie der Nabel das Zentrum einer Person ist, das Land Israel das Zentrum der Welt, Jerusalem das Zentrum Israels, der Tempel das Zentrum Jerusalems, das Allerheiligste das Zentrum des Tempels und die Bundeslade das Zentrum des Allerheiligsten ist. Vor der Bundeslade liegt der Grundstein der Welt.

Die Stelle des Tempels von Salomon, Jerusalem. Einem jüdischen Text nach schuf Gott die Welt von diesem Zentrum aus. Heute steht an dieser Stelle der Felsendom, eine moslemische Moschee.

Delphi, Griechenland

Delphi, an den steilen Abhängen des Parnassos gelegen, war im alten Griechenland der heiligste Ort. Es galt als Nabel (*Omphalos*) der Welt, als Ort, an dem sich zwei Adler trafen, die Zeus am anderen Ende der Erde freigesetzt hatte.

Der Sonnengott Apoll übernahm die Stätte nach seinem Sieg über Pythia, eine Art Erdgöttin. Das Orakel von Delphi verband die Kraft der männlichen Sonne und der weiblichen Erde. Der Tempel des Apoll wurde vermutlich über einer Erdspalte errichtet, aus der giftige Dämpfe aufstiegen, die die Orakelpriesterinnen in Trance versetzten. Erdbeben zerstörten diese Spalte.

Der Legende nach wurde der Tempel des Apoll zuerst aus Bienenwachs und Federn, dann aus Bronze, und schließlich aus Stein gebaut. Im 5. und 4. Jh. v. Chr. wuchs der Ort zum größten griechischen Orakel an – sogar mächtige Könige kamen, und fragten nach ihrem Schicksal. Durch die Gaben der Pilger und die Spenden dankbarer Kunden häufte Delphi den reichsten Schatz der griechischen Welt an.

Die Unverletzbarkeit des Ortes zeugte von seiner Rolle als heiliges Zentrum der in endlosen Kriegen verstrickten griechischen Städte. Der römische Kaiser Nero plünderte 67 n. Chr die Schätze. Nach einer langen Zeit des Niedergang wurde das Orakel 393 vom christlichen Kaiser Theodosius endgültig geschlossen. Das Zentrum befand sich fortan an einem anderen Ort.

OBEN *Das Heiligtum der Athene Pronaia, erbaut im 4. Jh. v. Chr., steht neben dem heiligen Bereich des Orakels. Drei dorische Säulen sind von dem Rundtempel erhalten.*
OBEN RECHTS *Diese griechische Vasenmalerei, Teil der Vulcis-Schale aus dem 5. Jh. v. Chr., zeigt die als Pythia bekannte Orakelpriesterin auf einem Dreibein vor König Ägeus von Athen*

sitzend. Sie hält eine Schale und einen Lorbeerzweig. Vermutlich erreichte sie durch Kauen dieser Blätter den Trancezustand, in dem der Gott Apoll durch sie sprechen konnte.
GEGENÜBER LINKS *Der* Omphalos–*Stein, ein gerundeter konischer Stein, markiert den Nabel der Welt. Die Bedeutung der Reliefs ist unbekannt. Der Stein steht im Museum von Delphi.*

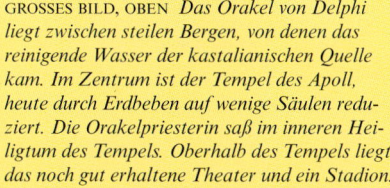

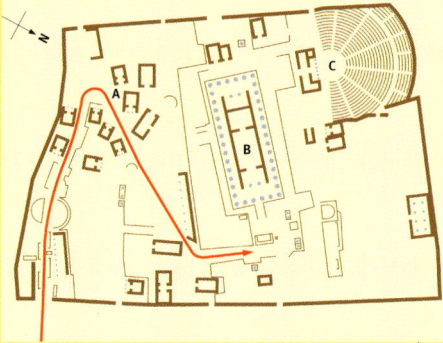

GROSSES BILD, OBEN *Das Orakel von Delphi liegt zwischen steilen Bergen, von denen das reinigende Wasser der kastalianischen Quelle kam. Im Zentrum ist der Tempel des Apoll, heute durch Erdbeben auf wenige Säulen reduziert. Die Orakelpriesterin saß im inneren Heiligtum des Tempels. Oberhalb des Tempels liegt das noch gut erhaltene Theater und ein Stadion.*

OBEN *Plan des* Temenos *(heiliger Bezirk): Die gepflasterte „heilige Straße" (rot) wand sich bergauf und gab eine Reihe sorgfältig geplanter Aussichten frei, jede mit einer eigenen emotionalen Wirkung, vorbei an Opfergaben, Statuen und Schatzkammern (A) zahlreicher Städte zum imposanten Tempel des Apoll (B). Dahinter lag das Theater (C).*

Architektur
für das Jenseits

Sakrale Architektur erfordert die besten
Materialien und die schlauesten Köpfe, um
die Transzendenz und das Ewige in massiven
Steinmetzarbeiten und exquisiten Verzie-
rungen auszudrücken. In traditionellen
Kulturen, in denen alle anderen Gebäude
klein und bescheiden sind, wirken solche
Visionen des Unendlichen und Ewigen
überwältigend und bilden einen lebhaften
Kontrast zur Vergänglichkeit des Menschen
   Die Steblichen können durch die Konstruktion von Grabstätten an dieser Dauerhaftigkeit teilhaben, und sogar göttlichen
Status anstreben. Während sakrale Gebäude
oft nach dem Modell des lebendigen Körpers
gebaut werden, geht das Grab davon aus, dass
der Mensch nach seinem Tod weiter existiert,
entweder in einer anderen Welt oder im Geist
der Hinterbliebenen. Doch sogar solche
Grabstätten wie Tempel können manchmal
verfallen und rätselhaft Ruinen hinterlassen.

*Die „Stadt der Toten" in Kairo ist eine Serie von Friedhöfen, die
sich über mehrere Kilometer erstreckt. Wegen der wachsenden
Bevölkerung Kairos werden viele Gräber und Mausoleen von
Hausbesetzern bewohnt. Sie sind wie Wohnviertel von Geschäften
und Ständen umgeben. Die Gräber werden von den Verwandten der
Toten besucht, die Ausflüge sind meist wie ein Picknick.*

Die Bedürfnisse der Toten

Gräber sind die älteste bekannte Form von Architektur, und einige der ältesten Kunstwerke wurden darin gefunden. Es scheint, dass Architekten früher vor allem für die Toten bauten. Dies beruht auf dem universellen Glauben, dass die Toten in einer anderen Dimension weiter existieren, und dass Kommunikation und Hilfe zwischen Toten und Lebenden möglich und nötig sind.

Viele Grabstätten betonten die Hilfe, die der Tote aus dieser Welt brauchen würde. In vielen alten Kulturen waren die Häuser der Toten prächtiger als die der Lebenden aus Lehm und Stroh. Vielfach wurden Modelle oder Darstellungen von Alltagsgegenständen be-graben. Unser Wissen über frühere Lebensweisen stammt großteils aus Gräbern. Ägyptische Gräber enthalten Hausmodelle und Nahrung; Han- und Tang-Gräber in China umfassen Terracottamodelle von Kriegern, Tieren, Dienern, Häusern, Speichern und Brunnen.

In vielen Traditionen wurden Menschen und Tiere geopfert; viele Gräber waren groß und mehrräumig, um diese Opfer zu fassen. Im 6. Jh. v. Chr. verurteilte Konfuzius diese Praxis in China, und nach und nach ersetzten Papiermodelle lebende Geschöpfe. Eine jüngst ausgegrabene Begräbnisplattform der Moche in Peru enthielt in einem Sarg eine Kammer mit kostbar gekleideten

Ägyptische Gräber waren oft reich mit Szenen aus dem Alltag geschmückt. Die Malereien in der Halle der Grabkapelle des Khety, Statthalter der Provinz Oryx bei Beni Hasan, Ägypten (ca. 2050 v. Chr.), umfassen Jagdszenen und an der Rückwand Ringkämpfe.

Kriegerpriestern; in einem anderen Sarg daneben lagen zwei vermutliche Konkubinen, ein Hund und zwei Wächter. Darüber, in einer eigenen Kammer, lag ein weiterer Wächter. Vielen Dienern dieser Kriegerpriester hatte man die Füße amputiert, um sie für einen Dienst für die Ewigkeit zu bestimmen. In Pazyryk, Sibirien, wurde 1993 das 2.400 Jahre alte Grab einer Frau aus dem Permafrost ausgegraben. Die von Ost nach West ausgerichtete Grabkammer glich einer unterirdischen Blockhütte; die Frau lag in einem Sarg, neben ihr ein Mahl. Die Kammer hatte ein Dach, und mehrere aufgezäumte Pferde wurden geopfert und hinabgelassen, bevor das Grab zugeschüttet wurde. In dieser halbnomadischen Gesellschaft war das Grab das einzig permanente Gebäude, in dem

Über 6.000 lebensgroße Terracottakrieger wurden beim Grab des Kaisers Shi Huangdi (ca. 259–210 v. Chr.), Xian, China, gefunden. Die kampfbereite Armee blickt nach Osten, in Richtung der Feinde.

die Zeit eingefroren wurde.

Grabarchitektur will die Bedürfnisse der Toten und die emotionalen Anliegen der Lebenden erfüllen. Ein Foto, eine Totenmaske oder eine Locke können in ein Grab oder Denkmal eingebaut sein. Gräber können auch mit Statuen weinender Figuren geschmückt sein. Im römischen Ägypten führte dies zu einer Tradition lebensnaher, auf Holz gemalter Portraits. Im mittelalterlichen Europa wichen die Wachsfiguren der Toten den auf den Gräbern liegenden Skulpturen, die den vergänglichen Menschen eine permanente architektonische Form gaben.

MEGALITHEN FÜR DIE TOTEN

Der aufrecht stehende Stein ist die einfachste Form von Grabarchitektur, seine Bedeutung aber kann komplex sein. Bei den Sora in Indien ist Architektur Ausdruck von Kontinuität und Abstammung. Der Hauptpfosten des Hauses symbolisiert die Verbindung von Ahnen und Nachkommen, an seinem Fuß werden Opfer dargebracht. Sofort nach der Verbrennung wird die Asche eines Toten auf einem Modellpfahl mit Stroh bedeckt. Die Menschen ängstigen sich vor

Auf dem Megalithen wird ein Mahl für den Toten bereitet; dann wird er aufgestellt.

diesem temporären Haus, da der Verstorbene noch ein gefährlicher Geist ist.

Erst nach einer Reihe von Riten wird er zu einem Ahnen. Dies beginnt mit dem Aufstellen eines Denkmalsteins in der Reihe der bereits stehenden Steine. Der Verstorbene wird mit Wein und dem Blut geopferter Büffel versorgt; man gibt einem Neugeborenen seinen Namen. Der Stein vereint alle Bedürfnisse des Toten; die Büffel sind nicht nur Nahrung, sondern dienen auch zum Pflügen in der Unterwelt. Manchmal werden Büffel und Steine wie die Toten selbst behandelt.

Gräber

Die für die Errichtung dieser massiven Pyramiden erforderliche Anstrengung übersteigt alle Vorstellungen: Sie wurden in weniger als einem Jahrhundert erbaut (ca. 2690–2600 v. Chr.).

Sakrale Gebäude werden in vielen Traditionen als Mittel zur Erlösung oder Wiedergeburt der Toten gesehen. Daher werden Grab und Tempel oft kombiniert – Monarchen und große Dichter sind in der Londoner Westminster Abbey begraben, moslemische Gräber in Indien haben oft wie in einer Moschee eine *Mihrab* (Gebetsnische).

Die Form der Gräber kann den Glauben an die Wiedergeburt ausdrücken, wie etwa beim megalithischen Ganggrab (siehe S. 85). Der Sarkophag als Behälter des Körpers kann dem Bauch einer Frau oder dem ganzen Kosmos gleichen. Zur Betonung der kosmischen Bedeutung hatten ägptische Särge oft ein Bild der Himmelsgöttin Nut an der Innenseite des Deckels. In Mittelamerika hatte der Sarg des Mayakönigs Pacal (7. Jh.) die Form eines Uterus. Der Pyramidentempel der Inschriften (siehe S. 113) über dem Grab Pacals reflektiert die Konzep-

tion des Mayakosmos mit neun äußeren Terrassen als Symbol der neun Schichten der Unterwelt und dreizehn inneren, die den Himmelsebenen entsprechen.

Oft liegen der Grabarchitektur der Glaube an fortgesetzte Macht und die Bedürfnisse des Verstorbenen zu Grunde. Christliche Schreine enthalten oft Heiligenskulpturen; der einbalsamierte Körper eines Heiligen kann in einem Altar eingeschlossen sein.

Zu den beeindruckendsten Gräbern gehören die ägyptischen Pyramiden. Die ersten Gräber waren Gruben in der Erde, ihre Aufbauten sind heute verschwunden. Seit der ersten Dynastie (*ca.* 3000–2800 v. Chr.) begann man, diese unterirdischen Kammern mit einer langen, niedrigen Plattform aus Lehmziegeln, der Mastaba, zu überbauen. Viele davon finden sich in Saqqara, der Nekropole von Memphis, wo auch die nächste Entwicklung in Form der Stufenpyramide des Djoser (siehe S. 22) vertreten ist. Die größten der späteren „echten" Pyramiden sind die von Gizeh aus der vierten Dynastie (*ca.* 2625–2585 v. Chr.), erbaut von den Pharaonen Khufu, Khafre und Menkhaure (auch Cheops, Chephren und Mykerinos). Die Große Pyramide des Cheops, Mittelpunkt eines Grabkomplexes, erhob sich zu einer Höhe von 147 Metern. Pyramiden wurden nach dem Begräbnis versiegelt. Der tote Pharao wurde in einem Tempel am Fuß der Pyramide verehrt. Die Mastabagräber der Angehörigen der Königsfamilie und der Hofbeamten lagen wie aufgereiht daneben.

Obwohl die Pyramiden geheimnisvoll bleiben, ist es klar, dass sie die Ideen von Dauer und Wiedergeburt mithilfe der Astronomie vereinen, als Dienst am gottähnlichen König. Wie die ägyptische Malerei ist auch die Konzeption der Pyramide zweidimensional, das Gebäude sollte von der Seite betrachtet werden. Auf ihrem quadratischen Sockel vermittelt die Pyramide das Gefühl von Aufstieg und Abstieg, Kontraktion und Expansion. Sie strebt wie eine Treppe in den Himmel, während die Strahlen des Sonnengotts vom Apex zur Erde gehen.

Der mumifizierte Körper des Königs wurde in einer inneren Kammer aufbe-

DIE KATAKOMBEN

Das größte Netz von Katakomben im Mittelmeerraum ist das der christlichen Friedhöfe, die aus dem weichen vulkanischen Tuff unter Rom ausgegraben wurden. Sie bilden ein Labyrinth unterirdischer Galerien auf vielen Ebenen, gesäumt von Reihen rechteckiger Nischen, in denen die Leichname – in Tücher gehüllt und mit Kalk bedeckt – gelegt wurden. Größere Nischen dienten als Familiengräber.

Die ersten Katakomben stammen aus dem 2. Jh. n. Chr. Obwohl die Christenverfolgung bis ins frühe 4. Jh. andauerte, vermieden es die heidnischen Römer, die Katakomben zu schänden. Die moderne Erforschung der Katakomben begann im 16. Jh. und noch heute werden beim Bau von U-Bahnen neue entdeckt.

Die Notwendigkeit, den Körper zu erhalten, entstand aus der Erwartung der Auferstehung des Leibes beim Jüngsten Gericht. Katakomben wurden auch für heimliche Gebetsversammlungen und die Eucharistiefeier verwendet. Die Gläubigen betreuten die Körper ihrer eigenen Toten,

die ganze Gemeinde sorgte für die Überreste der Heiligen und Märtyrer. Malereien stellten die Erweckung des toten Lazarus aus seinem Grab dar, und eine der vielen Inschriften besagt: „Es gibt Licht in der Dunkelheit, Musik in diesen Gräbern."

Eine Galerie im ersten Geschoss der Katakombe der Priscilla. Die Reihen der Nischen wirken wie Schlafstellen für die Toten.

wahrt. In den Pyramiden gab es Vertiefungen für Boote. Man glaubte, dass der König in einem Boot in die Unterwelt reiste, um wie der Sonnengott wieder geboren zu werden. Diese Erkenntis führte auch zu einer Orientierung der Religion am Erscheinen und Verschwinden der Sterne. Enge Schächte, die in präzisem Winkel von der Grabkammer zur Außenseite der Cheopspyramide führten, waren an den Sternen des Gürtels des Orions orientiert, die mit dem Gott Osiris zusammenhingen, der ermordet und wieder geboren wurde.

Im Westen wurde die Bestattung seit der industriellen Revolution zunehmend säkularisiert. Das Problem, die Massen der urbanen Bevölkerung zu begraben, führte 1829 zu dem Vorschlag, eine Pyramide für die Bevölkerung Londons zu bauen. Sie sollte viermal höher als die St Paul's Cathedral sein und zehn Millionen Särge aufnehmen. Diese Pyramide wurde nie gebaut, doch Platzprobleme und Hygienevorschriften führten im späten 19. Jh. zur Anlage von Friedhöfen mit kleinen Kapellen in den Vororten. Heute werden diese Friedhöfe durch kompakte und hygienische Krematorien ersetzt – ein minimalistischer Zugang zur Grabarchitektur, wie er in vielen Kulturen seit den ersten Jägern und Sammlern nicht mehr gesehen wurde.

Moslemischer Grabstein in Form eines Turbans in Istanbul, Türkei. Die Reliefs bezeichnen den Status des Verstorbenen.

MOSLEMGRÄBER IN INDIEN

Das ab dem 13. Jh. in Indien entstandene Moslemgrab war ein neuer Architekturtyp. Die Hindus streuten gewöhnlich die Asche in heilige Flüsse, da im frühen Islam Gräber verboten waren. Moslemische Königsgräber waren in spektakuläen Gebäuden untergebracht und von Gärten umgeben. Die südlichen Vororte von Delhi sind mit großen und kleinen Kuppeln mehrerer Dynastien in verschiedenen Stilen übersät. Um die Ruinen von Golconda bei Hyderabad, Südindien, erheben sich zahlreiche Königsgräber. Die Sockel dieser Kuppeln waren verengt, wodurch eine Blasenform mit einem zweiten niedrigeren Plafond im Inneren der Hauptkammer entstand.

In seiner am höchsten entwickelten Form glich der Hauptraum (*Huzrah* oder *Estanah*) der Gebetshalle einer Moschee. Er stand auf einer riesigen Plattform und enthielt einen Steinkenotaph in der Mitte; der Leichnam wurde in eine Krypta (*Maqbarah* oder *Takhana*) darunter gelegt. Das Tadsch Mahal (1632–1654) am Fluss Jumna in Agra wurde vom Schah Jahan für seine Lieblingsfrau Arjuand Banu Begum (Mumtaz Mahal) erbaut – es gilt als das schönste moslemische Grab. Die Haupthalle ist quadratisch, die Breite des Gebäudes gleich seiner Höhe. Die Höhe der Fassade ist der der Kuppel gleich, die aus einer zu einer Spitze anschwellenden Halbkugel auf einer runden Trommel besteht. Die von den perfekten Proportionen erzeugte absolute Ruhe wird durch die Symmetrie der umgebenden Gebäude und Gärten verstärkt. Generell ersetzte die islamische Architektur in Indien die Fassade aus glasierten Fliesen des iranischen Vorbilds durch Materialien wie Marmor oder roten Sandstein. Das Tadsch Mahal ist mit weißem Marmor verkleidet, der je nach Tageszeit verschiedene Farben annimmt und oft durchscheinend wie eine Perle wirkt. Schah Jahan plante für sich selbst auf der anderen Flussseite ein ähnliches Grab in schwarzem Marmor. Es wurde nie gebaut – er wurde an der Seite seiner geliebten Gefährtin bestattet.

Die perfekte Symmetrie des Tadsch Mahal wird durch die Reflexion im Teich verstärkt.

Felsengräber der Toraja, Indonesien

Bei den Toraja auf Sulawesi, Indonesien, muss eine Reihe von Riten eingehalten werden, bevor ein Verstorbener zu einem gütigen Ahnen werden kann, der die Reispflanzen beschützt. Obwohl die Toraja heute mehrheitlich Christen sind, sind traditionelle Begräbnisse noch üblich.

Der Leichnam wird sorgfältig gekleidet; heilige Büffel werden dem Verstorbenen geopfert. Ein Menhir (stehender Stein) wird für jeden, der stirbt, errichtet, und bei den anderen Menhiren aufgestellt, die sich über Generationen ansammeln und Reihen bilden, die an alte Megalithen in Nordwesteuropa erinnern. Der Körper wird in der Nähe der Menhire in einem „Leichenturm" aufbewahrt. Dieser besteht aus Holz und Bambus und hat die Form eines Torajahauses mit Satteldach und aufragenden Giebeln. Er hat mehrere Ebenen: Der Körper wird in das erste Geschoss gelegt; während der Begräbnisriten sitzen der Todespriester und seine Dienerinnen im zweiten Geschoss. Vor dem Turm finden rituelle Tänze statt.

Der Leichnam wird daraufhin in dem aus dem Felsen geschnittenen Familiengrab bestattet. Diese Kammern haben quadratische Eingänge mit versiegelten Holztüren und können über Bambusleitern erreicht werden. Die Familie stellt eine Figur des Verstorbenen, einen *Tau-Tau*, vor dem Grab auf, der sich zu den anderen, an einer Balustrade lehnenden *Tau-Taus* gesellt, die die Reisfelder in der Ferne beobachten.

LINKS *Der Leichnam wird auf einer Bahre zu einem Begräbnisplatz gebracht, der wie der Leichenturm große Ähnlichkeit mit den Torajahäusern hat. Die Bahren sind sehr breit und schwer, und müssen von 40 Männern getragen werden.*
OBEN *Eine Begräbnisprozession zieht vor traditionellen Torajahäusern vorbei. Die Frauen tragen Geschenke für die Familie des Verstorbenen.*

Der Austausch von Geschenken bei Begräbnissen schafft einen endlosen Kreislauf sozialer Verpflichtungen, und verstärkt so die Kontinuität traditioneller Bräuche auch bei Christen. Begräbnisfeiern dauern oft mehrere Tage und sind kostspielige Angelegenheiten mit mehreren hundert Beteiligten. Bei den Begräbnisritualen werden viele Tiere geopfert, deren Seelen die Verstorbenen im Jenseits begleiten sollen.

OBEN Der Leichnam wird schließlich in einer aus dem Felsen geschnittenen Kammer bestattet; die Kammern werden mit hölzernen Türen verschlossen. Einige sind mit Reliefs geschmückt oder bemalt. Nach dem Begräbnis werden die Türen oft mit Besitztümern der Person behängt. Diese Grabkammern sind Familiengräber. Sie aus dem Felsen zu schneiden, was als ungesunde Arbeit gilt, kann mehrere Wochen und Monate dauern. Die Bambusleiter, über die man zum Grab gelangt, wird später entfernt: Die Gräber sind dann unerreichbar. Gräber sind „Häuser, aus denen kein Rauch aufsteigt". In der Kosmologie der Toraja wird aufsteigender Rauch mit dem Osten und mit Glück bringenden Fruchtbarkeits-

ritualen assoziiert, absinkender Rauch wird mit dem Westen und dem jüngst Verstorbenen verbunden.

OBEN Die fast lebensgroße Figur oder Tau-Tau wird nahe der Grabkammer aufgestellt und von einer Balustrade gestützt. Der Tau-Tau symbolisiert den Verstorbenen und wird mit Speiseopfern und Betelnüssen ernährt.

Öffentliche Denkmäler

In einer vergänglichen Welt bringt keine andere Struktur die Sorge um Fortbestand deutlicher zum Ausdruck als das öffentliche Denkmal. Architektonisch eher einfach, ist es meist so entworfen, dass es schon von weitem sichtbar ist. Solche Denkmäler sind nicht als innere Räume, sondern als von außen zu erfahrende Skulpturen angelegt.

Manche Denkmäler bilden eine spezialisierte Form des Grabes als Verkörperung kollektiver Ideale und Werte. Während ältere Monumente die regenerative Kraft toter Könige, Helden oder Götter bekräftigen (siehe S. 148–151), eröffnet das Kriegerdenkmal des 20. Jh. eine ganz andere Vision des Todes gewöhnlicher Menschen. Im Zentrum fast jedes westeuropäischen Dorfs wurden seit dem 1. Weltkrieg ältere religiöse Denkmäler durch öffentliche Monumente mit Listen von Namen, Rang und Datum der gefallenen Gemeindeange-

Grabskulptur beim kanadischen Denkmal für die Gefallenen im 1. Weltkrieg in Vimy, Frankreich.

KOSMISCHE GEOMETRIE UND ARCHITEKTUR

Die Suche nach geometrischer Perfektion kann manchmal so intensiv sein, dass die Architektur an ihre Grenzen stößt. Der griechische Philo-

soph Pythagoras (*ca.* 560–480 v. Chr.) entwickelte die Theorie von der Harmonie der Sphären. Er maß Zahlen eine mystische Bedeutung bei. Sein im 1. Jh. v. Chr. von Cicero entdecktes Grab bestand aus einer perfekten Sphäre an

der Spitze eines Kegels.

Zur Zeit der französischen Revolution entstanden fantastische Vorschläge eines Denkmals für den 1727 verstorbenen Isaac Newton. Diese nie realisierten Entwürfe gingen von der damaligen Faszination der Sphäre als Symbol von Gleichheit und Ewigkeit aus. Ein Entwurf von Étienne-Louis Boullée bestand aus einer riesigen Sphäre, die nur den Sarkophag unter einem Gewölbe mit winzigen sternförmigen Öffnungen enthielt.

Boullées Entwurf für Newtons Kenotaph (1784) in riesigem Ausmaß, mit Bäumen auf dem ihn umgebenden Band.

hörigen ersetzt. Eigentlich ist dies eine neue Form des Ahnenkults. In Frankreich übernahm das Kriegerdenkmal fast gänzlich die Rolle der den Seelen im Fegefeuer gewidmeten Kirchenaltäre. In entchristianisierten Gemeinden ist es die einzige Stätte regelmäßigen Kults. Dort, wo Dorfdenkmäler Quelle, Kreuz oder Marienstatue enthielten, brachte das Kriegerdenkmal heidnische Formen wie Menhir, Obelisk und Pyramide mit sich. Diese sind vom Gedenkstein des alten griechischen Kriegers abgeleitet, beinhalten aber auch eine mächtige christliche Symbolik: die Rolle des Märtyrers, die der leidende Krieger übernimmt.

Anders als viele sakrale Gebäude sind Kriegerdenkmäler des 20. Jh. keine liebreizenden Orte, an denen man über den Lauf des Lebens oder die Vollkommenheit Gottes nachdenken kann; vielmehr betonen sie Leid und Zerstörung des Kriegs. In anderen Fällen glorifizieren Denkmäler das politische System der Sieger. Auf Hügeln außerhalb der Städte der früheren Sowjetunion stehen oft kolossale, geflügelte Frauenfiguren mit Schwertern und Kränzen, um die Toten zu beklagen. Sie sind auch Zeichen der Überlegenheit des Regimes über den Faschismus. Ähnliche Monumente in Westeuropa und Nordamerika verherrlichen die Demokratie.

Einige Kriegerdenkmäler sind aus Materialien der Zerstörung gebaut: Manche Einfriedungen bestehen aus Geschosshülsen, oder – wie in Kiel, Deutschland – aus einem U-Boot. Vor dem Hauptquartier der Vereinten Nationen in New York steht ein Monument aus sowjetischen und amerikanischen Raketenteilen, das das Ende des kalten Kriegs symbolisiert – „Mahnmal" eines nie stattgefundenen Kriegs.

VERGÄNGLICHE DENKMÄLER

Ein Monument muss nicht dauerhaft sein. Es kann Übergang und Kontinuität dadurch ausdrücken, dass es zerstört wird. Die Wikinger legten den Leichnam einer bedeutenden Persönlichkeit in ein Schiff, zündeten dieses an und stießen es ins Meer hinaus. Mitglieder der thailändischen Königsfamilie werden auf einem riesigen, in konzentrischen Terrassen aufgeschichteten Scheiterhaufen verbrannt, der den Berg Meru darstellt. Die Asche ist eine bedeutende Reliquie für die geistige und politische Legitimität des nächsten Königs. Die unverbrannten Schichten des Scheiterhaufens bleiben liegen.

Das Grabdenkmal der Mutter des Königs von Thailand, gestorben 1995. Der Sarg ist im Zentrum sichtbar. Nachdem die Thais ihren Respekt gezollt hatten, wurde die Konstruktion verbrannt.

Den Zeiten standhalten

Alte Monumente werden oft missverstanden, vernachlässigt oder von späteren Generationen entweiht. Heiligkeit und Kraft bleiben aber erhalten, und so werden Gebäude adaptiert, um die Bedürfnisse einer neuen Religion zu erfüllen. Dies geschieht manchmal mit nur wenigen baulichen Eingriffen, etwa beim Pantheon in Rom (siehe S. 122–123). Anderswo wiederum gab es beträchtliche Veränderungen, so geschehen beim Bau einer Kirche im Zentrum des heidnischen Steinkreises von Avebury (siehe S. 86–87), oder bei der Errichtung der Kathedrale und des Hauptplatzes in Mexiko-Stadt, an der Stelle der 25 Tempel des heiligen Bezirks der Azteken in Te-

nochtitlán. Heiligkeit kann auch kumulativ aufgefasst werden. Der Ort des heutigen moslemischen Felsendoms in Jerusalem war das Grab Adams, Opferplatz Abrahams, der Tempel Salomons und Ort der Auffahrt Mohammeds zu Allah.

Auch der Arbeits- und Materialaufwand für den Bau eines sakralen Gebäudes legen seine Wiederverwendung nahe. Der Athenetempel in Syrakus, Sizilien, aus dem 5. Jh. v. Chr. wurde im 7. Jh. n. Chr. zu einer christlichen Kathedrale. Man kehrte das Gebäude dabei von außen nach innen, um aus der äußeren Skulptur des griechischen Tempels den Innenraum der Kathedrale zu machen (siehe gegenüber).

CÓRDOBA, KATHEDRALE

Die Kathedrale von Córdoba, Südspanien, war ursprünglich ein Tempel des römischen Gottes Janus, der später von den christianisierten Westgoten dem heiligen Vinzenz geweiht wurde. Der maurische Herrscher Abd ar-Rahman ersetzte die Kirche 785 durch eine Mosche mit dem *Mihrab*

über dem ehemaligen Schiff. Die Moschee wurde nach der Kaaba von Mekka die größte der Welt (siehe S. 80–81) und hat einen einzigartigen Wald von Marmorsäulen. Der christliche König Ferdinand III. weihte 1236 das Gebäude wieder der Himmelfahrt Mariens. 1523 zerstörte der örtliche Klerus den Mittelteil der Gebetshalle der Moschee, um für die Kathedrale Platz zu schaffen, die sich nun über das niedrige Dach erhebt. Später bedauerte Kaiser Karl V. diesen Umbau und sagte: „Was hier geschieht, findet man überall. Was wir vorher besaßen, gab es nirgendwo". Heute verbinden sich römischer, westgotischer, maurischer und barocker Stil zu einem der schönsten und vielschichtigsten sakralen Gebäuden der Welt.

Die Säulenhalle, Córdoba, ist Teil der ehemaligen Moschee.

Kathedrale von Syrakus, Sizilien, früher Tempel der Athene. Die massive Mauer des inneren Raums wurde mit Arkaden durchbrochen, um ein

Kirchenschiff zu bilden (links). Die Zwischenräume zwischen den Säulen wurden aufgefüllt und bilden eine Außenmauer (rechts).

Gebäude, die ihre Gläubigen verlieren, finden nicht immer neue sakrale Verwendung. Aufgelassene Kirchen werden zu Wohnhäusern, Rathäusern, Kinos oder Fabriken. Während Kirchen entkonsekriert werden, werden andere sakrale Gebäude einfach der Zeit überlassen. Die Tempel der Ägypter und Mayas überstanden das Verschwinden ihrer Zivilisationen und erzählen heute von einer Religion, die nicht mehr verstanden wird.

Das Göttliche in den soliden Materialien der Architektur auszudrücken, ist eine große Leistung menschlicher Kreativität. Die Kontinuität der Symbole und der architektonischen Tradition untermalt den Versuch, an spirituellen Ein-

sichten festzuhalten. Viele Ruinen bezeugen das Verschwinden der einzelnen Religionen und Werte, das Ende des für die Darstellung der Ewigkeit Gebauten. Ein Gebäude gibt einer Idee des Göttlichen sichtbare, begreifbare Formen, hält sie einige Zeit aufrecht und verliert sie. Andere Traditionen können die Idee verändert wieder aufnehmen. Das Grab des Pythagoras (S. 154) ging verloren, doch seine kosmische Geometrie lebt als Basis der Mathematik und Harmonie der sakralen Architektur weiter.

UMSEITIG *Die mit der Zeit verfallenen Tempel von Angkor Wat, Kambodscha, 12. Jh., werden allmählich von den großen Wurzeln der Würgefeige überwachsen.*

Dokumentation

Bautechniken

Bis in die letzten Jahrhunderte hatten größere Gebäude entweder sakrale oder herrschaftliche Funktion. Die für den Bau notwendigen Mittel und Arbeitskräfte konnten nur durch die Autorität des Staates und seines göttlichen Königs mobilisiert werden. In alten Kulturen war die Unterscheidung zwischen säkular und sakral, Tempel und Palast, nicht so deutlich wie heute. Die Techniken der Sakralarchitektur waren wie die jeder Architektur in großem Maßstab, deren größte Herausforderung der Kampf gegen die Schwerkraft war, um entsprechende Größen und Höhen zu erreichen.

Sakrale Architektur drückt die Idee des Göttlichen in materieller Form aus; jeder Aspekt von Stil und Struktur ist mit theologischer Bedeutung erfüllt. Eine Struktur wird jedoch durch die Grenzen von Technologie und Materialien beschränkt – gut sichtbar bei den aus Lehm gebauten westafrikanischen „Ameisenhügel“-Moscheen (siehe S. 97). Viele Stile vermitteln nicht nur die Idee des Aufwärtsstrebens, sondern auch die damit verbundene Anstrengung, bis an die Grenzen des Machbaren zu gehen. Es kam auch vor, dass sich Architekten überschätzten und ihre Türme einstürzten.

Die stilistische Entwicklung von Gebäuden ist untrennbar mit der technischen verbunden. Eine Kuppel zum Beispiel kann so gestützt werden, dass dabei lokale Stile und Technologien zum Tragen kommen. Dort, wo es keine modernen Modelle oder Computersimulationen von Kräften und statischer Beanspruchung gibt, dient jedes ältere Gebäude als Vorbild für das nächste und als Ausgangspunkt kleinerer Veränderungen und Adaptierungen, je nach lokalen Gegebenheiten und Material. Der Stil kann aber hinter der Technologie zurückbleiben: Was einmal konstruktive Notwendigkeit war, kann in einer neuen Technologie als Zierelement fortbestehen. Die Form des Ameisenhügels der Lehmmoscheen wird auch bei Moscheen aus Beton beibehalten, so wie griechische Architekten die Enden hölzerner Träger in den Triglyphen der Steintempel nachbauten.

GEGENÜBER *Der Kreuzgang der Kathedrale St-Etienne in Bourges, Frankreich (12.–13. Jh.), mit seinen gotischen Glasfenstern und Kreuzrippengewölben (siehe S. 168).*

EIN SAKRALES GEBÄUDE
PLANEN UND ERLEBEN

LINKS *Plan des buddhisti-schen Tempels von Borobudur, Java. Im Aufriss (siehe S. 24–25) gleicht der Tempel dem kosmischen Berg. Der Grundriss aber enthüllt die Mandalaform, welche der Konstruktion zu Grunde liegt. Der Besucher, der zum Gipfel aufsteigt, bewegt sich zugleich vom äußeren Rand des Kosmos in dessen Zentrum.*

Der Grundriss stellt ein Gebäude auf horizontaler Ebene dar und zeigt seine Berührungspunkte mit dem Untergrund. Von hier aus muss sich die Masse des Bauwerks gegen die Schwerkraft nach oben schieben. In der sakralen Architektur ist der Plan die Perspektive Gottes, und tatsächlich werden Götter oft Architekten genannt, als ob das Universum selbst ein riesiges Gebäude wäre. Pläne wie das *Mandala* (siehe S. 12–13) gelten als Nachbildung des Universums.

Der Plan ist jedoch nur zweidimensional. Die dritte Dimension, die Höhe, wird durch Aufriss und Schnitt dargestellt. Der Aufriss zeigt die Fassade aus einem bestimmten Blickwinkel, der Schnitt geht vertikal durch das Innere eines Gebäudes und zeigt Folge und Proportionen der Innenräume. Zu einem Grundriss sind viele Aufrisse möglich, wie dies bei von Archäologen erstellten Rekonstruktionen veranschaulicht wird, wenn von einem Gebäude nur mehr die Fundamente übrig sind.

Plan, Aufriss und Schnitt sind mit dem Sehen verbunden, allerdings sind dies meist Entwürfe. Wirklich anschaulich wird ein Gebäude erst durch Einbeziehung aller Sinne – beim Umhergehen durch Säle, Korridore und Höfe, durch helle und dunkle Räume hinauf in die Kuppel oder hinab in die Krypta. Gefühle von Freiheit oder Beengtheit können durch Gerüche, das Berühren der Steine, durch das Echo der Schritte und den Klang ferner Musik verstärkt werden.

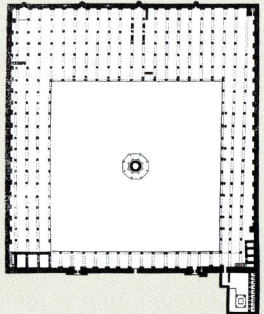

OBEN *Plan der Moschee 'Amr, Alt-Kairo, Ägypten. Während das Mandala (oben links) den gesamten Kosmos nachbildet und sein Zentrum beinhaltet, liegt hier das Zentrum der Welt weit außerhalb der Moschee. Der Punkt in der Mitte ist ein Brunnen. Die Bedeutung des Plans kann nur interpretiert werden, wenn man die Theologie dahinter versteht.*

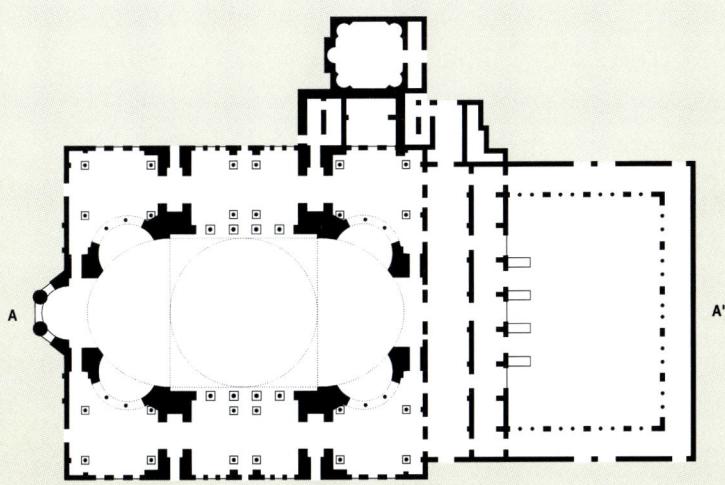

Die byzantinische Kirche der Hagia Sophia in Istanbul (siehe auch S. 9).

UNTEN Der Plan zeigt, wie der Blick trotz des fast quadratischen Grundrisses durch das Hauptschiff zur zentralen Kuppel gelenkt wird. Der Außenschub wird durch zwei Halbkuppeln abgefangen.

MITTE Der Schnitt (entlang der Linie A–A' des Plans) zeigt, wie die Kuppel den Entwurf dominiert. Die unteren Mauern umschließen den Raum, über dem die Kuppel schwebt, wie eine Haut (siehe S. 167).

OBEN Der Aufriss zeigt, wie der schwebende Eindruck der Kuppel durch massive Stützpfeiler erzielt wird.

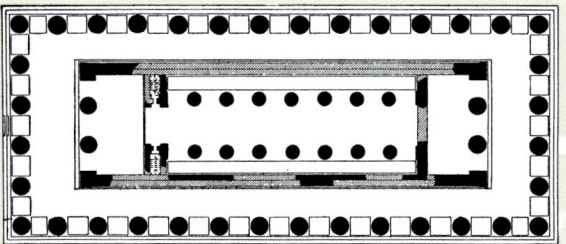

Plan des griechischen Poseidontempels bei Paestum, Süditalien (ca. 475–450 v. Chr.). Die lange, zentrale Halle (Naos) enthielt die Statue der Gottheit; die kleinen Kammern links und rechts sind Eingangshalle und Schatzkammer. Das gesamte zentrale Gebäude (Sekos) wird von einem Peristyl aus dorischen Säulen umgeben, das wie eine durchbrochene Wand wirkt und den Blick darauf konzentriert.

Obwohl also ein Gebäude stationär ist, muss es durch die Bewegung einer Person im Kontext der Zeit erfahren werden. Diese Bewegung führt durch zwei Arten von Raum, die der Architekturhistoriker J. G. Davies „Wege" und „Plätze" nennt. Wege sind Kirchenschiffe oder Labyrinthe, haben Ränder, Richtung und Ziel, und suggerieren eine Reise oder Suche. Plätze hingegen sind Brennpunkte – Ruhepunkte ohne Richtung, wie etwa das Innere der Gebetshalle einer Moschee. Der Wechsel von Weg und Platz bildet den fundamentalen Rhythmus eines Gebäudes – die Bewegung entlang eines Weges kann den Gläubigen z. B. zu einem ruhigen Kontemplationsort führen.

Davies erklärt auch, wie sakrale Gebäude „massenpositiv", „flächenpositiv" und „raumpositiv" werden, je nachdem, wie sehr sie diese drei Aspekte betonen. Dies variiert je nach Tradition. Gebäude können Masse, Fläche und Raum in vielfältiger Weise kombinieren. Ein Gebäude, das die Masse betont, hat skulpturähnliche Qualitäten – etwa der griechische Tempel, bei dem die massiven Elemente wichtiger sind als die Zwischenräume. Solche massenpositiven Gebäude können vor allem durch Berührung erfahren werden. Ihr Wesen offenbart sich auf den Plänen in der Form von massiven Linien und Punkten, die Wände und Säulen darstellen.

Ein flächenpositives Gebäude legt das Schwergewicht auf die Ebenen, die den inneren Raum des Gebäudes begrenzen – etwa die massiven Fassaden des ägyptischen Tempels. Er wirkt zweidimensional, die Flächen dienen aber oft als Untergrund kunstvoller Dekoration mit Fliesen oder Reliefs.

Ein raumpositives Gebäude fängt Raum oder Volumen in spezieller Weise ein, und integriert alle drei Dimensionen. Das beste Beispiel dafür ist wohl die byzantinische Kuppel (siehe S. 166–167), die sich fast schwerelos über der Halle zu erheben scheint. Das Wesen eines solchen Gebäudes kann auf dem Plan nicht so sehr an den Linien und Punkten abgelesen werden, sondern an den Lücken dazwischen.

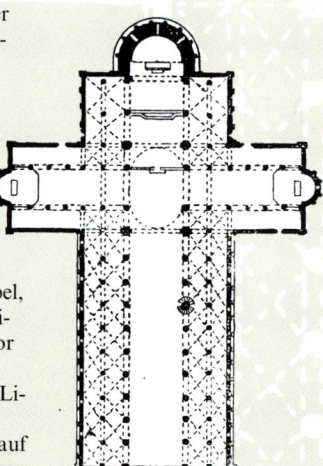

Das lateinische Kreuz der Kathedrale von Pisa, Italien. Ein Querschiff schneidet das Längsschiff im rechten Winkel, ein Symbol des Kreuzes Christi. Die Arme führen nicht weiter und verstärken daher noch den Eindruck einer Reise zum Allerheiligsten am Ostende (oben).

HÖHE UND LICHT: VOM HÖHLENDACH
ZUM HIMMELSGEWÖLBE

Eine häufige Thematik bei monumentaler Sakralarchitektur
ist das Bemühen um große Innenräume mit entsprechender
Höhe. Es soll etwas hergestellt werden, das der archetypischen Höhle gleicht, aber in den Himmel reicht. Dies wurde
traditionellerweise mithilfe von Statik und Dynamik erreicht.

Die Statik beruht auf Oberschwelle, Architrav und Kragstein (siehe Glossar). In Zusammenhang mit der Verwendung von Pfosten und Querträgern ist dies die einfachste und
älteste Technik, besonders dort, wo es reichlich Holz für
Balken gab. Man findet sie im pharaonischen Ägypten, im
klassischen Griechenland, im vormoslemischen Indien, bei
den hölzernen Tempeln in Japan und China und im alten
Mittelamerika. Im einfachsten Pfosten-Träger-System wird
der Druck der Querbalken durch Pfähle oder Säulen

Romanische Rundbögen in der
Abtei von Vézelay, Frankreich,
12. Jh. Die Romanik ersetzte
die früheren Holzdecken durch
Steingewölbe. Das Gebäude
erhielt eine stärkere Struktur,
wenn Bögen über dem
Hauptschiff jeden flüchtigen
Blick zum Allerheiligsten
unterbrachen, oder Bögen an
der Seite die Konstruktion von
Nischen ermöglichten, die zu
den Seitenschiffen führten.
Vier Bögen in rechtem Winkel
sind durch ein Kreuzgewölbe
(den Schnittpumkt zweier
Gewölbe) miteinander
verbunden. Die Höhe des
romanischen Bogens oberhalb
der Stützpfeiler war durch den
Bogenradius limitiert – im
Gegensatz zum gotischen
Bogen, der nicht mehr an die
Einschränkungen der Kreis-
geometrie gebunden war.
(siehe S. 168).

aufgefangen. Die gesamte Säulenarchitektur beruht auf diesem Prinzip oder imitiert es. Die Weite der Innenräume ist durch die geringe Spannweite der Träger begrenzt.

Dynamische Technik verwendet das Prinzip von Druck und Gegendruck, basierend auf Bogen, Gewölbe oder Kuppel. Sie wurde zunächst dort verwendet, wo kein Bauholz zur Verfügung stand, wie etwa beim Iglu in den arktischen Regionen oder den Lehmziegelbauten im alten Mesopotamien. Große Bögen und Kuppeln entstanden erst in hellenistischer und römischer Zeit, von wo aus sie sich in christlichen und islamischen Stilen verbreiteten. Bögen können größere Distanzen überspannen als Balken, da ihr Anstieg sowohl horizontale als auch vertikale Kräfte erzeugt, so dass ein Teil ihres Gewichts in den Mittelpunkt verlagert wird, und die beiden Krümmungen des Bogens einander gegenseitig stützen.

Wenn der Bogen in der Tiefe fortgesetzt wird und eine Decke bildet, spricht man von Gewölbe. Wenn er 360 Grad um

Die Innenansicht der Kuppel der Sultan-Ahmet-Moschee (Blaue Moschee) in Istanbul (siehe auch S. 49) zeigt die tragenden Strebebögen. Der Architekt entwickelte die byzantinische Kuppel weiter und verstärkte den Effekt ätherischen Glanzes durch die Fensterbänder um die Hauptkuppel und die vier stützenden Halbkuppeln darunter.

die eigene Achse rotiert, wird daraus eine Kuppel, die der
menschlichen Anschauung vom Himmel gleicht. Die Kuppel
ist nicht nur eine charakteristische technische Errungenschaft
der mediterranen und nahöstlichen Regionen, sondern eignet
sich ganz besonders für die Sakralarchitektur dieser Gebiete,
denn sowohl Christentum als auch Islam betrachten den
Himmel als Residenz Gottes.

Beim Bau einer Kuppel müssen nicht nur technische Pro-
bleme der Statik gelöst werden, sondern auch die theologische Herausforderung, sie als Modell des Himmels zu betonen. Trotz ihrer technischen Vollendung war die Kuppel des
Pantheons in Rom (siehe S. 122–123) nur ein schlichter
Deckel auf einem zylindrischen Gebäude. Die späteren Kuppeln byzantinischer Kirchen wurden viel subtiler konzipiert –
als Baldachin, als halbkugelförmiger Schirm. Dieser wurde
von vier Säulen getragen, die die runde Kuppel mit der quadratischen Basis des Gebäudes darunter verbanden. Die
Kuppel dominiert und definiert die Gestalt des Innenraums,
so dass die Wände zwischen den vier Stützen substanzlos,
fast wie Vorhänge, wirken. Die Betonung liegt nicht auf
Masse oder Fläche, sondern auf dem Raum selbst, der von
einer schwebenden Kuppel auszugehen scheint, so wie in der
christlichen Theologie der Himmel zur Erde herabsteigt.

Der Baldachin zeigt, dass die Ornamente in sakralen Gebäuden nicht nur der Dekoration dienen, sondern aus der
Form des Gebäudes selbst erwachsen. Die byzantinische
Kuppel ruht oft auf vier Strebebögen. Ein Strebebogen ist ein
gebogenes Dreieck an jener Stelle, an der die Kuppel auf die
Stützpfeiler trifft. Er scheint von der sphärischen Bewegung
der Kuppel darüber aufgenommen zu werden und schafft
einen sanften Übergang von der Kuppel zur quadratischen
Basis des Raums darunter. Zugleich erzeugt der Strebebogen
eine sich verjüngende Fläche, die für Malereien oder Mo-
saike bestens geeignet ist, und in byzantinischen Kirchen zu
einem Ort der Darstellung der vier Evangelisten wurde. Die
Innenwände byzantinischer Kirchen sind reich mit Malereien
und Mosaiken bedeckt, die sich den Linien des Gebäudes an-
passen, so dass wie bei der Moschee (siehe S. 96–97) die Ornamentik von der Konstruktion nicht zu trennen ist.

Der in Frankreich im 12. Jh. entstandene und in Westeuropa weit verbreitete gotische Stil strebt einen ähnlichen Effekt an, erreicht ihn aber auf anderem Weg. Beide Stile wollten die Wände substanzloser nachen, damit das Gebäude
den Raum zunehmend als Masse und Fläche betonte. In beiden Fällen gab die technischen Lösung dem architektonischen Ausdruck christlicher Theologie eine neue Wendung.
In der byzantinischen Kathedrale steigt der Himmel von der

Kuppel herab; in der Gotik wird der Blick zu einem Wald von Spitzen emporgezogen, in dem sich alle vertikalen Linien zu treffen scheinen. Während die Größe von Kuppeln und Rundbögen durch deren Umfang limitiert ist, kann der gotische Spitzbogen jede beliebige Höhe erreichen, so dass das Gefühl der Bewegung am Boden beginnt. Im byzantinischen Stil wird die Masse der Mauern durch die Verwendung von Strebebögen überwunden, so dass die Kuppel im Raum zu schweben scheint. Die Gotik kommt dank der Verwendung von Strebepfeilern mit dünneren Wänden aus, die durch Fensternischen unterbrochen sind. Dadurch wird von der Außenseite des Gebäudes viel Druck abgeleitet, das Langschiff kann somit dreimal so hoch wie breit werden. Im byzantinischen Stil betonen die Fenster der Kuppelbasis als Hauptlichtquelle den himmlischen Effekt. In der Gotik wird der Raum durch Glasfenster zwischen den Strebepfeilern mit buntem Licht durchflutet. (siehe S. 50–51).

Die Krypta der Fountains Abbey, Yorkshire (Mitte 12. Jh.), das älteste gotische Gebäude in England und eines der ältesten in Europa. Wie bei romanischen Bögen (siehe S. 165) steht jede Säule am Schnittpunkt von vier Gewölben. Wegen der stark betonten diagonalen Rippen ist aber jeder Pfeiler von einem Bündel von acht Schäften umgeben. Die Kreuzrippen des gotischen Gewölbes bildeten von einer Nische zur nächsten ein Netz.

BAUEN MIT RIESIGEN STEINEN

Einige der größten sakralen Monumente wurden mit einfachsten Technologien errichtet. Die Details dieser Techniken bleiben weitgehend unbekannt, doch die für die Errichtung dieser Strukturen erforderliche Anstrengung demonstriert den Glauben und die Entschlossenheit ihrer Erbauer.

In Stonehenge, England, wurden Sandsteinblöcke (bekannt als Sarsen) mit einem Gewicht bis zu 50 Tonnen 35 Kilometer weit herbeigeschafft, vermutlich auf Schlitten oder Holzrollen, gezogen von Menschen oder Tieren. Sie wurden an Ort und Stelle mit Steinhämmern bearbeitet. Die Oberschwellen waren an der Innenseite leicht gekrümmt, so dass sie einenen kompletten Kreis bildeten, nachdem sie zusammengesetzt wurden. Jede war mit der nächsten durch eine V-förmige Rille verbunden. Aufgrund des Gefälles des Erbauungsorts wurde die Höhe der Stützen so eingerichtet, dass der Kreis der Oberschwellen absolut waagrecht stand.

Das Aufstellen dieser massiven Steine lässt vermuten, dass man damit schon Erfahrung hatte. Die Stützen wurden vermutlich mit Seilen und Hebeln in Position gebracht; die Basis jedes Steins wurde in ein Loch versenkt und der Stein aufgerichtet. Das Aufheben der Oberschwellen war viel schwieriger. Wahrscheinlich wurden sie etappenweise durch ein Gerüst gehalten, und mit Klötzen an beiden Enden angehoben.

In Ägypten setzten die Erbauer der Pyramiden auf ähnliche Techniken. Massive Steinblöcke wurden auf Flößen den Nil flussabwärts transportiert, dann auf Schlitten verladen. Diese Schlitten wurden entweder auf langen Rollen gezogen oder auf bewässertem Boden, um die Reibung zu verringern.

Die Steine mussten sehr hoch emporgezogen werden, was ebenfalls nur durch menschliche Muskelkraft geschah. Die großen Pyramiden von Gizeh (siehe S. 148–149) wurden von unten nach oben gebaut, und von oben nach unten verkleidet. Der Kern der Pyramide wurde stufenförmig, so wie die früheren Stufenpyramiden, gebaut. Steine wurden von einer Stufe zur nächsten auf Rampen aus Erde und Ziegeln gehoben. Jede Steinlage lag auf einer quadratischen Plattform und bildete selbst wieder den quadratischen Sockel der nächsten Lage. Die Pyramide wurde mit Granitplatten verkleidet. Die Oberfläche bestand aus glänzendem weißem Kalkstein, von dem heute an der Spitze der Cheopspyramide nur noch sehr wenig erhalten ist. Die Steinverkleidung wurde durch Passfugen gehalten, die zuvor in den Unterbau geschnitten wurden. Die Fugen wurden mit Mörtel als Gleitmittel gefüllt, bevor die massiven abgeschrägten Steine in Position gebracht und die Rampen abgebaut wurden.

Glossar

KAPITÄLCHEN verweisen auf weitere Stichworte

Abschluss krönendes Ornament einer Fiale, Turmspitze oder Kuppel

Achse eine gedachte, oft vertikale Linie, an der Teile eines Gebäudes ausgerichtet sind

Allerheiligstes der heilige Bereich um den Hauptaltar einer christlichen Kirche; siehe auch ALTARRAUM

Altarraum der Bereich um den Hauptaltar einer Kirche, oft mit Chorgestühl, reserviert für Klerus und Chor; siehe auch ALLERHEILIGSTES

Ambulatorium Weg um die Apsis einer Kirche oder um einen Schrein; gedeckter Weg in einem KREUZGANG

Apsis gewölbte halbkreisförmige Nische wie am Ende einer römischen BASILIKA oder hinter dem ALLERHEILIGSTEN einer christlichen Kirche

Archetypus ursprüngliches Modell; typisches Beispiel

Architrav auf Pfeilern ruhender Hauptträger in der klassischen Architektur; siehe auch GEBÄLK, FRIES, TRÄGER

Aufriss Zeichnung einer vertikalen Ebene oder Fassade eines Gebäudes; siehe auch GRUNDRISS, SCHNITT

Baldachin halbkugelförmiger zeremonieller Schirm, meist über einem Altar; eine solcherart geformte Kuppel

Balkendecke frühe Konstruktionsform, die Pfähle und BALKEN statt Bögen und GEWÖLBEN bevorzugt, zum Beispiel in griechischen und ägyptischen Tempeln

Balkenkonstruktion in der klassischen Architektur ein horizontaler, von Säulen getragener Balken mit den drei Schichten ARCHITRAV, FRIES und Gesims

Basilika in der römischen Architektur eine große, meist rechteckige und von einem FENSTERGESCHOSS beleuchtete Versammlungshalle; in frühen christlichen Kirchen von den Römern übernommen

Berg Meru im Glauben der Hindus, Buddhisten und Jainas die Achse des Kosmos – ein Berg im Zentrum der Welt, der die Schichten des Universums verbindet

Chaitya indisch-buddhistischer Tempel – oft ein Höhlentempel aus einer Felswand geschnitten, mit Seitenschiffen und Skulpturen

Dolmen prähistorisches Grab aus aufgestellten Steinen, bedeckt mit einer waagrechten Steinplatte; ursprünglich unter einem Erdhügel verborgen

dorisch die dorische ORDNUNG der klassischen Architektur mit schweren kannelierten Säulen und schlichten, schüsselförmigen KAPITELLEN; siehe auch KORINTHISCH, IONISCH

Fenstergeschoss oberer Abschnitt einer Wand mit Fenstern, die Licht in eine Halle einlassen; siehe BASILIKA

Fries horizontale Dekorationsschicht; die mittlere Schicht der BALKENKONSTRUKTION der KLASSISCHEN ORDNUNG

Ganggrab prähistorisches Grab mit gedecktem Steinkorridor unter einem Erdhügel; auch Galeriegrab genannt

Gehege große, im Kreis aufgestellte Steine oder Pfähle wie in Stonehenge

Gewölbe Dach oder Decke mit Bögen

Gopuram Torturm, wie etwa bei Tempeln in Südindien

griechisches Kreuz Kreuz mit vier gleich langen Armen, oft als Grundriss christlicher Kirchen verwendet; siehe auch LATEINISCHES KREUZ

Grundriss Zeichnung der horizontalen Ebene eines Gebäudes, von oben gesehen; siehe auch AUFRISS, SCHNITT

Hauptschiff der längliche Baukörper einer christlichen Kirche mit Eingang von Westen, manchmal mit QUERSCHIFF

Hogan traditionelle Wohnstätte der nordamerikanischen Navajos; gewöhnlich aus Stämmen und Erde gebaut

Hypostylenhalle große Halle mit flachem, von Säulen getragenem Dach; vor allem in der ägyptischen Architektur

Ikonostase in der griechisch- oder russisch-orthodoxen Kirche eine mit Bildern versehene Wand, die den für den Klerus reservierten ALTARRAUM von der auch für Laien offenen Kirche trennt

ionisch die ionische ORDNUNG der klassischen Architektur mit kannelierten Säulen und rollenförmigen KAPITELLEN; siehe auch DORISCH, KORINTHISCH

Jurte einräumige Wohnstätte der zentralasiatischen Ureinwohner, meist rund oder vieleckig, leicht zu transportieren, mit einem zentralen Rauchloch im Dach

Kapitell oberer Abschluss einer Säule; siehe auch DORISCH IONISCH, KORINTHISCH

Kathedrale Hauptkirche einer Diözese mit dem Thron des Bischofs (Kathedrale)

korinthisch die korinthische ORDNUNG der klassischen Architektur, mit schlanken kannelierten Säulen und kunstvollen KAPITELLEN, geschmückt mit Akanthusblättern; siehe auch DORISCH, IONISCH

Kosmogramm Diagramm der Struktur der Welt oder des Universums; siehe auch MANDALA

Kragstein ein hölzerner oder gemauerter Vorsprung (oft stufenförmig) zur Aufnahme einer Belastung

Kreuzgang gedeckter Arkadengang um einen Hof, verbindet oft Kirche mit Kloster

Krypta unterirdischer Raum unter einem religiösen Gebäude; enthält oft Reliquien oder Gräber

lateinisches Kreuz Kreuz mit langem Standbalken, der im oberen Teil von einem kürzeren Querbalken gekreuzt wird; häufiger Grundriss christlicher Kirchen; siehe auch GRIECHISCHES KREUZ

Mandala in Hinduismus, Buddhismus und Jainismus ein stilisiertes Diagramm des Universums auf Basis von Kreis und Quadrat; dient als Meditationsvorlage und Grundriss von Tempeln

Megalith massiver Stein; in prähistorischen Kulturen bei Bauwerken oder als eigenes Monument verwendet

Menhir einzelner, aufrecht stehender monumentaler Stein aus prähistorischer Zeit

Metope eine im FRIES eines dorischen Tempels ebene oder gekrümmte Tafel zwischen zwei TRIGLYPHEN

Mihrab Nische in der Wand einer Moschee oder eines anderen moslemischen Gebäudes; zeigt die Gebetsrichtung nach Mekka an

Minarett hoher, schlanker Turm einer Moschee; für den Ruf zum Gebet verwendet

monolithisch aus einem einzigen Steinblock geformt

Mosaik Muster aus kleinen bunten Glas- oder Steinstücken, aus Mörtel oder Gips

Nekropole die Stadt der Toten, ein großer Friedhof, vor allem in der antiken Welt

Obelisk großer, vierseitiger, meist monolithischer Stein; oben verjüngt, mit Pyramidenspitze

Omphalos Nabel; zentraler Punkt der Welt oder des Kosmos

Ordnung Baustile der klassischen Architektur, hauptsächlich durch die Kapitelle auf ihren Säulen unterschieden. In chronologischer Reihenfolge sind die drei griechischen Ordnungen DORISCH, IONISCH und KORINTHISCH; die Römer verwendeten auch die etruskische Form und Mischformen

Pagode im fernen Osten aus der buddhistischen STUPA entstanden; besteht aus einem Turm mit mehreren, nach oben kleiner werdenden Geschossen

Peristyl Säulenreihe um einen Hof oder einen griechischen Tempel; das Äußere eines Gebäudes

Puja Opferritual in Hinduismus, Buddhismus und Jainismus

Pylon massiver Torbau eines ägyptischen Tempels mit Turmstümpfen; enthält schräge Mauern zu beiden Seiten des Tors

Querschiff die kürzeren Querarme einer auf dem LATEINISCHEN KREUZ gebauten Kirche

Retabel ornamentale Holz- oder Steinwand hinter einem christlichen Altar; oft mit Bildern oder Skulpturen

Sarkophag griechisch: „Fleisch fressender Stein"; kunstvoller Sarg, oft mit Inschriften, Skulpturen und Malereien

Schnitt Zeichnung an einem imaginären Schlitz durch das Gebäude entlang einer vertikalen Ebene; siehe auch AUFRISS, GRUNDRISS

schwebendes Strebewerk geneigte oder gekrümmte Strebepfeiler; typisch für gotische Architektur; durch sie wird der Außendruck der oberen Wandteile zu den unteren Stützen der Strebepfeiler geleitet

Shikhara Turm oder Spitze eines Hindutempels

Strebepfeiler vorspringende, meist gemauerte Konstruktion zur Verstärkung der Tragkraft einer Wand

Stufenpyramide frühe Pyramidenform, in Terrassen angelegt, oben flach

Stupa Konstruktion mit Kuppel oder Spitze; enthält Reliquien oder markiert eine heilige Stätte als buddhistisches Denkmal

Stützbogen gekrümmte, dreieckige Fläche als Verbindung zwischen einer Kuppel und den Säulen oder Stützwänden

Tipi traditionelles Rundzelt der Plains und anderer nordamerikanischer Völker; gebaut aus Büffelhaut

Tonnengewölbe eine gewölbte Decke oder Dach in Form eines Halbzylinders

Träger ein horizontaler Balken oder Stein über einer Öffnung, der gewöhnlich das Gewicht der Wand darüber trägt

Triglyph im dorischen Tempel eine Tafel mit drei vertikalen Rillen, die mit METOPEN im FRIES alternieren

Zikkurat alter mesopotamischer Tempelturm in Form einer STUFENPYRAMIDE; hat meist einen Schrein auf der obersten Plattform

Weiterführende Literatur

Die weltweit auf dem Gebiet der sakralen Architektur veröffentlichte Literatur ist sehr umfangreich. Sie besteht einerseits überwiegend aus Überblickswerken, andererseits aus Detailuntersuchungen zu speziellen Traditionen oder Stätten. Kein Autor kann mit all diesen Bereichen vertraut sein; daher sind wir einer weit größeren Anzahl von Quellen zu Dank verpflichtet, als hier angegeben werden können. Wir haben unsere wichtigsten Quellen aufgelistet, dazu noch einige andere spezialisierte und allgemeine Werke, die der Leser als hilfreich erachten kann. Dort, wo unsere Behandlung eines spezifischen Themas speziell einem Werk verpflichtet ist, wird das Thema oder das Kapitel in eckigen Klammern hinzugefügt.

Manche Enzyklopädien (wie Eliade oder Hastings) sind eine reiche Informationsquelle für viele Aspekte der Sakralarchitektur, ebenso die Fachzeitschrift *History of Religions*. Gute Beschreibungen einzelner Gebäude findet man oft in Reiseführern und in lokaler Literatur.

Einige der aufgelisteten Titel (z. B. Kramrisch oder Mus) können schwer zu finden sein; sie wurden aber mit aufgenommen, weil sie oft (und manchmal ungenau) zitierte umfangreiche Originalstudien darstellen. Von manchen Titeln gibt es verschiedene Nachdrucke und Auflagen.

Aveni, A. *Dialog mit den Sternen,* Klett-Cotta, Stuttgart 1995 [Himmlische Linien, Astronomie]

Bettels, A. *Traditionelle Baukunst in China,* Benteli Verl., Wabern 2002

Bloch, M. *Placing the Dead: tombs, ancestral villages and kinship organisation in Madagascar,* Seminar Press, London 1971

Bloomer, K.C. und Moore C.W. *Body, Memory and Architecture,* Yale University Press, New Haven 1977

Bourke, J. *Baroque Churches of Central Europe,* Faber, London 1958

Bouyer, L. *Liturgie und Architektur,* Johannes-Verlag, Freiburg 1993

Braunfels, W. *Abendländische Klosterbaukunst,* DuMont, Köln 1985

Brown, P. *Indian Architecture,* (2 Bände), Taraporevala, Bombay 1956

Burl, A. *Prehistoric Avebury,* Yale University Press, New Haven 1979

Carpenter, R. *The Architects of the Parthenon,* Penguin, Harmondsworth 1970

Clevenot, D. und Degeorge, G *Das Ornament in der Baukunst des Islam,* Hirmer, München 2000

Conant, K. *Carolingian and Romanesque Architecture 800–1200,* Penguin, Harmondsworth 1973

Cowen, P. *Rose Windows,* Thames & Hudson, London 1979

Daniel, G.E. *The Megalith Builders of Western Europe,* Hutchinson, London 1958

Davies, J.G. *Temples, Churches and Mosques: a guide to the appreciation of religious architecture,* Blackwell, Oxford 1982 [Bautechniken]

Davies, J.G. *The Secular Use of Church Buildings,* S.C.M., London 1968 [Dekonsekration]

Davies, N. *Die Azteken,* Rowohlt, Reinbek

Davies, V. und Friedman, R. *Unbekanntes Ägypten. Mit neuen Methoden alten Geheimnissen auf der Spur,* Theiss Verlag, Stuttgart 1999

Debuyst, F. *Modern Architecture and Christian Celebration,* Lutterworth Press, London 1968

de Groot, J.J.M. *Chinese Geomancy,* Element, Shaftesbury, Dorset 1989 [Feng Shui]

Denyer, S. *African Traditional Architecture: an historical and geographical perspective,* Heinemann, London 1978

Diwersy, A. und Wand, G. *Irak. Land zwischen Euphrat und Tigris,* Gollenstein, Bliesk. 2001

Dougherty, J. *The Fivesquare City: the city in the religious imagination,* Notre Dame University Press, Notre Dame, Indiana 1980

Egger, H. und Wenckheim, R. *Ikonen. Bilder in Gold. Sakrale Kunst aus Griechenland,* Akad. Druckanst., Graz 1993

Eck, D.L. *Benares. Stadt des Lichts,* Insel, Frankfurt a. Main 1989

Edwards, I.E.S. *Die ägyptischen Pyramiden,* Harrassowitz, Wiesbaden 1967

Eliade, M. *Handbuch der Religionen,* Suhrkamp, Frankfurt a. Main 1995

Foster, R. *Patterns of Thought: the hidden meaning of the great pavement of Westminster Abbey,* Cape, London 1991

Fox, M.V. (Hrsg.) *Temple in Society,* Eisenbrauns, Winona Lake 1988

Frankl, P. *Die Entwicklungsphasen der neueren Baukunst,* Gebr. Mann, Berlin 1999

Gail, A.J. *Sonnenkult in Indien. Tempel und Skulpturen von den Anfängen bis zur Gegenwart,* Reimer, Berlin 2001

Germann, G. *Gothic Revival in Europe and Britain,* Lund Humphries, London 1972

Germann, G. *Einführung in die Geschichte der Architekturtheorie,* Wissensch. BG., Darmstadt 1993

Gimpel, J. *Die Kathedralenbauer*, Stiftung Ökologie, Dürkh. 1996

Govinda, A. (Lama) *Mandala und Lotos. Das heilige Bild und das befreiende Wort,* O.W. Barth, München 2001

Gruben, G. *Griechische Tempel und Heiligtümer,* Hirmer, München 2001

Guidoni E. *Primitive Architecture*, Abrams, New York 1978

Gutmann, J. (Hrsg.) *The Synagogue: studies in origins, archaeology and architecture*, Ktav, New York 1975

Hammond, P. *Liturgy and Architecture*, Barrie and Rockcliff, London 1960

Hardenberg, R. *Die Wiedergeburt der Götter. Ritual und Gesellschaft in Orissa,* Verlag Dr. Kovac, 1999

Harpur, J. *Heiligtümer für die Ewigkeit. Ein Atlas der Kultstätten*, Frederking und Thaler, München 1995

Hastings, J. (Hrsg.) *Encyclopedia of Religion and Ethics*, (13 Bände), Clark, Edinburgh 1908–1926

Heggie, D.C. *Megalithic Science*, Thames & Hudson, London 1981

Heyden, D. und Gendrop, P. *Pre-Columbian Architecture of Mesoamerica*, Abrams, New York 1975

Heyden, U. van der *Das Indianerlexikon,* Lamur Verlag, Göttingen 1997

Heydenreich, L.H. und Lotz, W. *Architecture in Italy 1400–1600*, Penguin, Harmondsworth 1974

Hronda, B. *Mesopotamien. Die antiken Kulturen zwischen Euphrat und Tigris,* C.H. Beck, München 2000

Huntley, H.E. *The Divine Proportion*, Dover, New York 1970

Jacq, C. *Die Pharaonen. Große Herrscher des alten Ägypten,* Rowohlt, Reinbek 1999

Jacq, C. *Der Tempel zu Jerusalem,* Wunderlich, Reinbek 1999

Klug, S.U. *Kathedrale des Kosmos. Die heilige Geometrie von Chartres,* Hugendubel, München 2001

Kosch, C. *Kölns Romanische Kirchen. Architektur und Liturgie im Hochmittelalter,* Schnell u. St., Regensburg 2000

Kosseleck, R. *Der politische Totenkult. Kriegerdenkmäler in der Moderne,* W. Fink, München 1993

Kostof, S. *Geschichte der Architektur*, Deutsche Verlagsanstalt, Stuttgart1992

Kramrisch, S. *The Hindu Temple*, (2 Bände), University of Calcutta, Calcutta 1946 [*Mandalas*]

Krautheimer, R. *Early Christian and Byzantine Architecture*, Penguin, Harmondsworth 1965

Krautheimer, R. *Rom. Schicksal einer Stadt 312–1308,* C.H. Beck, München 1996

Kuban, D. *Muslim Religious Architecture: the mosque and its early development*, Brill, Leiden 1974

Lanczkowski, G. *Die Religionen der Azteken, Maya und Inka,* Wissensch. BG., Darmstadt 1989

Lawlor, R. *Sacred Geometry*, Thames & Hudson, London 1992

Lawlor, R. *Am Anfang war der Traum. Die Kulturgeschichte der Aborigines,* Droemer-Knaur, München 1993

Lethaby, W. *Architecture, Mysticism and Myth*, Architectural Press, London 1974 (erste Auflage 1891)

Lundquist, J.M. *The Temple: meeting place of heaven and earth*, Thames & Hudson, London 1993

Maass, M. *Das antike Delphi. Orakel, Schätze und Monumente,* Theiss Verlag, Stuttgart 1994

Male, E. *Die Gotik. Die französische Kathedrale als Gesamtkunstwerk,* Belser, Stuttgart 1997

Mann, A.T. *Mystische Architektur,* Ed. Astrodata, Wettsw. 1996

Marc, O. *Psychology of the House*, Thames & Hudson, London 1974

Meyer, J.F. *Peking as a Sacred City*, Chinese Association for Folklore, Taipei 1976

Michell, G. (Hrsg.) *Architecture of the Islamic World*, Thames & Hudson, London 1978

Mirsky, J. *Houses of God*, Constable, London 1965

Morgan, L.H. *Houses and House Life of the American Aborigines*, Chicago University Press, Chicago 1965 (erste Auflage 1881)

Nabokov, P. und Easton, R. *Native American Architecture*, Oxford University Press, New York and Oxford 1989 [Pawnee-Erdbau]

Naredi-Rainer, P. von *Architektur und Harmonie. Zahl, Maß und Proportion in der abendländischen Baukunst,* DuMont Literatur und Kunst, Köln 1999

Nitschke, G. „Building the sacred mountain: Tsukuriyama in Shinto tradition", in John Einarsen (Hrsg.) *The Sacred Mountains of Asia*, Shambhala, Boston and London 1995

Norberg-Schultz, C. *Meaning in Western Architecture*, Studio Vista, London 1975

Nuttgens, P. *The Story of Architecture*, Phaidon, Oxford 1983

Oliver, P. (Hrsg.) *Shelter, Sign and Symbol*, London, Barrie & Jenkins 1975

Oliver, P. *Dwellings: the house across the world*, Oxford, Phaidon 1987 [Dogon, Berber]

Parish, S.M. *Moral Knowing in a Hindu Sacred City*, Columbia University Press, New York 1994 [Opfer, innere und äußere Reiche]

Paine, R.T. und Soper, A. *The Art and Architecture of Japan*, Penguin, Harmondsworth 1975

Pevsner, N. *Europäische Architektur von den Anfängen bis zur Gegenwart*, Prestel, München1994

Pevsner, N. *Lexikon der Weltarchitektur,* Prestel, München 1992

Purce, J. *Die Spirale. Symbol der Seelenreise*, Kösel, München 1988 [Labyrinthe und Spiralen]

Prussin, L. *Hatumere: Islamic design in West Africa*, University of California Press, Berkeley and London 1986 [Ameisenhügel-Moscheen]

Qiao, Y. *Ancient Chinese Architecture* (10 Bände), Springer Verlag, Wien 2000

Reden, S. von *Die Megalith-Kulturen,* DuMont, Köln 1989

Renfrew, C. (Hrsg.) *The Megalithic Monuments of Western Europe*, Thames & Hudson, London 1983

Renz, A. *Islamische Geschichte und Stätten des Islam von Spanien bis Indien,* Prestel, München 1977

Ringis, R. *Thai Temples and Temple Murals*, Oxford University Press, Singapore 1990

Rudofsky, B. *Architektur ohne Architekten. Eine Einführung in die anonyme Architektur*, Residenz Verlag, Salzburg 1989

Scully, V. *The Earth, the Temple and the Gods: Greek sacred architecture*, Yale University Press, New Haven 1979

Shulman, D.D. *Tamil Temple Myths*, Princeton University Press, Princeton 1980

Sedlmayr, H. *Die Entstehung der Kathedrale,* Herder, Freiburg

Sickman, L. und Soper, A. *The Art and Architecture of Japan*, Penguin, Harmondsworth 1975

Smith, W.S. *The Art and Architecture of Ancient Egypt*, Penguin, Harmondsworth 1971

Soper, A. *The Evolution of Buddhist Architecture in Japan*, Princeton University Press Princeton, 1942

Stein, B. (Hrsg.) *The South Indian Temple*, Vikas, New Delhi 1978

Steinhardt, N.S. *Chinese Traditional Architecture*, The China Institute in America, China House Gallery, New York 1984

Stierlin, H. *Encyclopedia of World Architecture*, (2 Bände), Macmillan, London 1977

Stierlin, H. *Griechenland. Von Mykene zum Parthenon,* B. Taschen Verlag, Köln 1997

Stierlin, H. *Weltarchitektur Griechenland,* B. Taschen Verlag, Köln 2001

Stierlin, H. *Byzantinischer Orient. Von Konstantinopel bis Armenien und von Syrien bis Ägypten,* Belser, Stuttgart 1996

Thomas, N. *Oceanic Art*, Thames & Hudson, London 1995 [Heilge Versammlungsorte]

Tompkins, P. *Secrets of the Great Pyramid*, Harper & Row, New York 1971

Tucci, G. *The Theory and Practice of the Mandala*, Rider, London 1961 [*Mandalas*]

Turner, H.W. *From Temple to Meeting House: the phenomenology and theology of places of worship*, Mouton, The Hague 1979 [Wohnstätten der Götter]

Vale, L.J. *Architecture, Power and National Identity*, Yale University Press, New Haven 1992

Vitebsky, P. *Dialogues with the Dead: the discussion of mortality among the Sora of eastern India*, Cambridge University Press, Cambridge 1993

Vitebsky, P. *Schamanismus. Reisen der Seele. Magische Kräfte. Ekstase und Heilung,* B. Taschen Verlag, Köln 2001 [Megalithen]

Vogt, A.M. *LeCorbusier, der edle Wilde. Zur Archäologie der Moderne*, Vieweg, 1996

Volwahsen, A. *Architecture of the World, Band 7: Indien,* B. Taschen Verlag, Köln

Volwahsen, A. *Architecture of the World, Band 8: Islamisches Indien,* B. Taschen Verlag, Köln

Volwahsen, A. *Cosmic Architecture in India. The Astronomical Monuments of Maharaja Jai Singh II.,* Prestel, München 2001

Wheatley, P. *The Pivot of the Four Quarters: a preliminary enquiry into the origins and character of the ancient Chinese city*, Aldine, Chicago 1971

Wheeler, M. *Roman Art and Architecture*, Thames & Hudson, London 1964

Winkel, K. *Köpfe, Schlangen, Pyramiden in Lateinamerika. Alte Kulturen von Mexiko bis zur Osterinsel,* K. Kehrer, Heidelberg 2001

Register

Bildnachweis

Der Herausgeber dankt den folgenden Fotografen und Organisationen für die freundliche Erlaubnis, die Fotos in diesem Buch abzubilden.

Abkürzungen
O oben; U unten; M Mitte; L links; R rechts
RHPL Robert Harding Picture Library
AA&A Ancient Art and Architecture

Architektur und Kosmos
1 Glen Allison/Tony Stone Images; 2 G. Dagli Orti; 6–7 AKG/Erich Lessing; 9 Werner Forman Archive; 10–11 RHPL; 12 The Newark Museum, New Jersey; 13 Scala, Italy; 14 Skyscan Balloon Photography;16L RHPL;16R Spectrum; 17 RHPL; 19 Tony Stone Images; 20O RHPL; 20U John Grain; 21 Mary Evans Picture Library; 22O Musée Guimet, Paris; 22U A.F. Kersting; 23 Cliff Venner/Panos Pictures; 24L Spectrum; 24R Zefa; 25O RHPL; 25UL RHPL; 25UR AA&A; 26 Werner Forman Archive; 27 Dinodia/TRIP; 28 Mary Evans Picture Library; 29 Tony Stone Images; 30 Ann & Bury Peerless; 31 Roxana Waterson; 32M Bryan & Cherry Alexander Photography; 32U Hoa Qui, Paris; 33 AA&A; 34 Spectrum; 35O Robert Frerck/RHPL; 35UL Spectrum; 35UR Robert Francis/South American Pictures; 36 Scala, Italy; 37 AA&A

Sakrale und soziale Dimensionen
38-39 RHPL; 40O British Library/Bridgeman Art Library; 40U Curtis/Peter Newark's Western Americana; 41 Stuart Westmoreland/Tony Stone Images; 42 Auckland Museum, Auckland, New Zealand; 43 Sylvia Caiuby-Novaes; 44–45 Tony Stone Images; 46 Graham Harrison; 47 Werner Forman Archive; 48 Mecky Fögeling; 49 Sonia Halliday Photographs; 50 Sonia Halliday Photographs; 51OL Sonia Halliday Photographs; 51OR Angelo Hornak; 51UL Angelo Hornak; 51UR Sonia Halliday Photographs; 52 Tony Stone Images; 54 Tony Stone Images; 55 Tony Stone Images; 56–57 Tony Stone Images

Ritual und Zeremonie
58 Zefa; 59O AA&A; 59U Piers Vitebsky; 60–61 Pepita Seth; 62 Stephen Trimble; 63 Zefa; 64 Jeremy Horner/Hutchison Library; 65 Zefa; 66 I. Corse/TRIP; 67O Angelo Hornak; 67U

Pepita Seth; 68O Sonia Halliday Photographs; 68U Bridgeman Art Library; 69 Kim Blaxland/Tony Stone Images; 70–71 Jean-Leo Dugast/Panos Pictures; 72–73 Spectrum; 72U Mecky Fögeling; 74 Scala, Italy; 75 Russell Johnson; 76 A.F. Kersting; 77 RHPL; 78 RHPL; 79 Ali Jafarey/Images of India; 80 AA&A; 81O TRIP; 81U Rex Features

Typen und Traditionen
82–83 A.F. Kersting; 84 RHPL; 85 RHPL; 86 RHPL; 87O Skyscan Balloon Photography; 87UL AA&A; 87UR RHPL; 88 Bridgeman Art Library; 89O AA&A; 89U RHPL; 90L A.F. Kersting; 90R AKG, London; 91O Bridgeman Art Library; 91U Bridgeman Art Library; 92 L. Jackson/TRIP; 93O RHPL; 93U Hutchison Library; 94L Royal Asiatic Society/DBP; 94R Orion Press, Tokyo; 95O Orion Press, Tokyo; 95UL Spectrum; 95UR Spectrum; 96 AKG, London; 97 Jeremy Hartley/Panos Pictures; 98L Zefa; 98R AA&A; 99O RHPL; 99UL AA&A; 99UR AA&A; 100 A.F. Kersting; 101 Eye Ubiquitous; 102L F. Good/TRIP; 102R F. Good/TRIP; 103O F. Good/TRIP; 103UL F. Good/TRIP;104 Jean-Leo Dugast/Panos Pictures; 105 Graham Harrison; 106L Spectrum; 106R Spectrum; 107O Spectrum; 107U Spectrum; 108O Howard Davies/Panos Pictures; 108U A. F. Kersting; 109 AKG/Erich Lessing; 110UL Bradley Merriman;110UR Richard Bryant/Arcaid; 111O Richard Bryant/Arcaid; 111UL Richard Bryant/ Arcaid; 111UR Frank Lloyd Wright Archives, Arizona; 112 RHPL; 113 South American Pictures; 114L Zefa; 114R Spectrum; 115 A.F. Kersting; 116 Art Resource/Erich Lessing; 117O Peter Clayton; 117M Sonia Halliday Photographs; 117U Sonia Halliday Photographs; 118L AA&A; 118R Michael Holford; 119O Roy Rainford/ RHPL; 119U Bibliothèque Nationale, Paris; 120 H. Rogers/TRIP; 121 Mary Evans Picture Library; 122L Scala, Italy; 122R AA&A; 123O Christie's, London/Bridgeman Art Library; 123U AA&A; 124 Werner Forman Archive; 125O Richard Bryant/Arcaid; 125U e.t. archive; 126L Art Resources; 126R Mecky Fögeling; 127O Scala, Italy; 127U AKG/Erich Lessing

Grenzen, Schwellen und das Zentrum
128–129 Images Colour Library; 130 Images Colour Library; 131 Melanie Friend/Hutchison

Library; **132O** Hutchison Library; **132U**
Spectrum;
133 Panos Pictures; **134** Angelo Hornak; **135**
RHPL; **136** Angelo Hornak; **137** AA&A; **138O**
Peter Clayton; **138U** RHPL; **139** Sonia Halliday
Photographs; **140** Simon Ryder; **141** Richard
Passmore/ Tony Stone Images; **142L** Zefa;
142R Bildarchiv Preussischer Kulturbesitz, Berlin;
143O Zefa; **143U** Sonia Halliday Photographs

Architektur für das Jenseits
144–145 Angelo Hornak; **146** Graham Harrison;
147O Julian Calder/Tony Stone Images; **147U**
Piers Vitebsky; **148** Zefa; **149** Scala, Italy; **150**
Michael Short/RHPL; **151** David Sutherland/Tony
Stone Images; **152L** Sybil Sassoon/Royal
Geographical Society; **152R** Zefa; **153O** Gerald
Cubitt/Bruce Coleman; **153M** Gerald
Cubitt/Bruce Coleman; **154O** RHPL; **154U**
Bibliothèque Nationale, Paris; **155** Rex Features;
156 Werner Forman Archive; **157L** A.F. Kersting;
157R A.F. Kersting; **158–159** AKG, London

Dokumentation
160 Angelo Hornak; **165** A.F. Kersting; **166**
G. Dagli Orti; **168** Zefa

*Illustrationen auf den Seiten 15 und 163, Karten
und Diagramme:* Russell Bell
Diagramm auf Seite 15 nach Native American
Architecture *von P. Nabokov und R. Easton, OUP,
New York und Oxford, 1989*

TITELBLATT *Spiralmoschee von Samarra, Irak,
erbaut 9. Jh.*
SEITEN 6–7 *Blick auf das römische Forum,
erbaut unter Kaier Augustus (regierte von
27 v. Chr. bis 14 n. Chr.). Ursprünglich die
Stätte religiöser und säkularer Feste und Zeremonien; heute großteils noch als Ruine erhalten.*